# 教育社会学概論

岩永雅也

**教育社会学概論（'19）**
©2019 岩永雅也

装丁・ブックデザイン：畑中 猛

s-64

# まえがき

　第二次大戦後長い間，日本の教育分野における学術活動は，概ねいくつかの立場のイデオロギーとその現場への適用という枠組みの中で進められていた。どのような立場に立つにしろ，まず基本となる理念があり，それを教育活動の中にどう具現化していくかが中心的な課題であった。そこでは，「教育はこのようである」という現実認識よりも，もっぱら「教育はこうあるべきだ」という「べき論」が展開された。もちろん，そうした研究活動や教育実践の中からも，注目すべき重要な知見や方法は少なからず見出されており，そうした事績をまったく無駄だとすることは公平な態度とは言えないだろう。

　しかし，日本社会が安定し，市場経済が高度に成長を遂げて，社会システムも大きく変化してくるにつれ，そうした教育分野の「べき論」に対する懐疑的な議論も出てくるようになった。「べき論」に先立って，教育の現状とそれを取り巻く社会環境がどうあるのかが客観的に把握されていなければならないという議論である。これは，日本の戦前戦中を通じて（あるいは戦後しばらくの間も含めて）一貫していた「教育の目的は既存の支配的意思（それが天皇中心の全体主義であれ，欧米型の民主主義であれ）を子どもたちの中に具現化することだ」という単純で一方向的な教育意図が十分な有効性を持たなくなったことへの自覚に基づいた変化だということができよう。教育も商取引や企業活動，司法，医療，福祉，等々と同様，さまざまな社会環境の下でダイナミックに展開し変容する一般的な社会事象であって，特別な聖なる営みだとのみ見るべきではないという認識の広まりがその背景にある。

　そうした認識の広まりは，今日の日本社会で教育の問題点が多々指摘

され，いわゆる教育改革に関わる施策も種々提案されていることと軌を一にしている。教育を改善・改革するためには，まず何よりも現実の教育事象を他の一般的な社会事象と同列に置いて客観的に捉え直す体系的な視点が必要とされるからである。教育社会学は，教育を考察の対象とする学問領域の中でも，そうした教育観を最も鮮明に持っている学問分野の一つであって，比較的短いその歴史の中で常に「教育はこのようである」ことの認識を主眼に据えてきた。本書は，そうした視座に立って教育事象を社会の視点から客観的に捉えてきた教育社会学を概観し，さらに教育社会学が理解した教育の姿を体系的に認識することを目的として展開されている。

　その目的の下，本書の記述は内容的に大きく前半部分と後半部分に分かれている。まず前半では，教育と社会をめぐるミクロなテーマが取り上げられる。ミクロなテーマとは，概ね子どもの社会化に関するものである。人は生まれながらにして人間なのではない。他の哺乳動物と同様，生物学的なヒトという種として生まれるのである。家族という基礎的な小集団の中に誕生した後，親密な人間関係を通じて自我の基礎を形成し，やがて一般化された人間関係が縦横に展開する社会集団と多様な接触をすることでその社会の文化と規範を内面化して（つまり社会化されて），周囲と調和する一個の自律的な人間となるのである。デューイが「小さな社会」と呼び，デュルケムが「内なる社会」と規定したものが，子どもの内部に形成された社会化の結果である。その意味で人間はすぐれて社会的な存在だと言える。

　本書の前半部分では，ヒトの誕生から成人までの社会化のプロセスを追いながら，社会化をキーワードに教育を理解していく。一方，後半部分では，教育と社会をめぐるマクロなテーマが取り上げられる。政治，経済，情報システム等の他の社会制度と教育との関係を理解するために

は，一人一人の社会化とは位相の異なる視点が求められる。そうした社会制度としての教育をめぐる諸問題がマクロなテーマである。こうした二つの視点から教育と社会を見つめ直し，その関わりを検討することで，社会事象としての教育を，印象的ではなく，客観的そして体系的に理解することが可能になると確信している。

2018年12月
騒乱のパリにて　岩永雅也

# 目次

まえがき　3

## 1　教育社会学―対象と方法―　9
1．教育と社会　10
2．教育社会学の視座　15

## 2　自我形成―社会化の始点―　25
1．ヒトの誕生　26
2．新生児の能力　29
3．社会化と人間形成　31

## 3　家族―初めての社会集団―　39
1．社会集団としての家族　40
2．家族と子どもの社会化　45
3．家族の変化　48

## 4　幼児期―遊びと子ども集団―　55
1．家族から仲間集団へ　56
2．子ども集団における活動　59
3．幼児期の社会化と教育　65

## 5　初等教育―社会成員の基礎―　71
1．社会化の場の拡大　72
2．学校というシステム　78
3．学校教育の基本的な機能　82

## 6 | 中等教育―統合と分化― 89
1. 中等教育の起源と原理 90
2. 統合と分化 93
3. 統合と分化をめぐる葛藤 99

## 7 | 教育臨床―学校教育と問題行動― 105
1. 教育病理から教育臨床へ 106
2. 問題状況の諸相 107
3. 問題状況の背景 117

## 8 | 教師―聖職という桎梏― 121
1. 職業としての教師 122
2. 日本の教師 126

## 9 | 高等教育―大衆化と機能変化― 137
1. 高等教育の社会的意味 138
2. 大学への進学と社会化機能 144
3. 大学教育の変容 150

## 10 | 教育政策―自由と平等のはざまで― 155
1. 教育と政治の緊密な関係 156
2. 教育と政治をめぐる変化 164

## 11 | 階層格差―教育と職業階層― 173
1. 現代社会と階層 174
2. 社会階層の変化 181

## 12 | メディア―教育との関わり― 193
1. メディアとコミュニケーション　194
2. 教育とメディアの関わり　200

## 13 | 生涯学習―理念と現実― 209
1. 生涯学習概念の整理　210
2. 生涯学習と成人学習者　215
3. 生涯学習の近未来　222

## 14 | 海外の動向―世界の教育社会学― 229
1. 教育社会学の潮流　230
2. 近年の研究動向　234

## 15 | 教育課題　―政策科学への期待と課題― 239
1. 現代という時代　240
2. 教育と社会化の直面する諸課題　246

索引　260

# 1 | 教育社会学 —対象と方法—

　人間社会で生じているすべての事柄は，必ず現実の世界に原因を持ち，またその結果も現実世界の中に現れる。教育も例外ではない。他のすべての事象と同様，全体社会という大きなシステムの中の一部分に過ぎない。教育事象を社会事象として理解する根拠がそこにある。教育を社会との関わりにおいて理解し，社会の視点から分析する学問分野が教育社会学である。ここでは，まず社会事象としての教育の基本的な意味を明らかにし，教育を社会学の観点から検討することの意味と意義について見た上で，その分析と考察の方法についても理解を進める。

教育社会学では，教育を社会事象，つまり人間相互の関わりとして把握し，他のさまざまな社会事象との間の相互の関係を実証的に考察していく。
ⓒ①朝日新聞社／ユニフォトプレス　②ユニフォトプレス　③共同通信社／ユニフォトプレス

《キーワード》　社会事象，教育社会学，ミクロな事象，マクロな事象，社会化，実証主義，量的分析，質的分析

## 1. 教育と社会

### （1）教育という概念

　動詞的な名詞としての「教育」の同義語あるいは類義語は非常に多い。「教え」や「育て」、「躾(しつけ)」「仕込み」はもとより、「指南」「師範」「指導」「教導」「教化」「教授」「教諭」「育成」「訓育」「訓練」「訓導」「授業」「鍛錬」「伝授」そして「涵養(かんよう)」「陶冶(とうや)」「鞭撻(べんたつ)」「薫陶(くんとう)」にいたるまで、ゆうに20を超える。もちろん、それらの言葉はまったく同義というわけではなく、それが行われる場面や行為の意図、目的、範囲、行為者等々が少しずつ異なるために、多くの言葉が作られ状況に応じて用いられてきたのであるが、それにしても他の事象や行為に比して明らかに表現が多様である。それは、この教育という営為が、私たち人間の生活や人生にとって非常に重要な行為、事象であり続けてきたことの証でもある。

　そのような多様な側面を持つ教育であるが、現在、その言葉で想起されるのは、学校を中心とした体系的で定型的な、つまりカリキュラムがあり教科書と時間割が決められていて、教師と児童生徒が学校という設備の中で教授―学習活動をしているというイメージである。そのような日本における定型的なイメージは、1882年（明治15年）、アメリカに学んだ伊沢修二の『教育学』が上梓され、そこで伊沢が英語のpedagogy（ペダゴジー）またはpedagogics（ペダゴジックス）に「教育」の語を充てたことに起源を持つ。他の欧州言語でもほぼ同じ語（独Pädagogik、仏pedagogieなど）であるpedagogyは、「子ども（*pais*）を導く者（*agogos*）」という意味を持つギリシア語にその語源がある。そのことからも分かるように、教育とは本来、子どもを対象とし、彼らを導く技(わざ)を意味していたのである。ペダゴジーが学問としての教育学、特に

実際の教授法や指導法を論ずる場合の教育学（教育技術学）という意味で用いられることも少なくない。

　ところで，欧米語には education（英）（エデュケーション）というラテン語起源の語もある。その語源は「外に引き出す」あるいは「助産する」という意味の *educere* または *educare* だとされる。これも教育または教育学と訳される場合が多いが，本来は教育という事象や行為のすべてを総体的に表現する概念である。つまり，エデュケーションには，行為，事象としての教育と，その方法や制度を理論的に体系化したものとしての教育学の二つの意味があるということである。したがって，混乱を避けるため，教育事象としての教育にはエデュケーション，学問領域としての教育学あるいは技術としての教育方法学にはペダゴジーというようにそれぞれ分けて用いることも多い。

　とはいえ，教育と教育学は，実践と理論という垣根を越えて非常に密接に関わっている。そのことは，自ずと教育と教育学との境界の不鮮明さにもつながるが，それを教育という分野の欠陥と考えるべきではない。むしろ，実践と不可分に結び付いているからこそ現実から遊離する危険が少なく，実践によってその有効性や正当性を絶えず検証できるという側面を忘れるべきではない。

　往々にして教育事象は教育独自の論理で語られがちである。それは，伝統的な教育観が，教え導くものとしての神と教え導かれるものとしての人間という原理的な図式のアナロジーの上に成り立っていたからである[1]。その意味で，教育は聖なる営みに属するものと見なされることが多かったのである。しかし，近代社会の教育は，社会以外に（たとえば神に）根拠を持つような独立したシステムではもはやありえない。そう

---

1) アウグスティヌス『教師論』やエラスムスの一連の教育論など，古典古代末期から中世にかけての先駆的教育論の大半が聖職者によるものであったことがそれを物語っている。アウグスティヌスは『教師論』で，マタイによる福音書中の「すべてのものの教師はただひとり，天に在わす者」を引用している。また，日本にあっても，古代から中世にかけての教育が仏教や儒教といった宗教の強い影響下に組織されていたことはよく知られている。

ではなくて，社会の必要に応じて知識や技能，価値観，規範などを身に付けた新たな社会構成員を供給するサブシステムにほかならないのである。つまり教育は聖なる営為ではなく社会事象であり，その意味でまさに「教育とは社会を映す像であり，またその反映にすぎない。教育は社会を模倣し，それを縮図的に再現しているのであって，社会を創造するものではない。」[2] という否定しがたい側面を持っていると考えられる。そこにこそ教育事象を社会事象として検討し理解する意味があると言えるのである。

### (2) 社会という概念

前項に示したような教育という事象を社会の側面から検討する学問分野が教育社会学（sociology of education または educational sociology）である。教育領域における社会学という側面を持つ教育社会学では，教育を考察し理解するために社会学の視点と方法を用いる。そこで，教育社会学の学問的な意味について詳細に見る前に，その基礎となる社会学について整理しておこう。

社会学は，基本的に社会のありようをありのままに捉え，そこに内在する法則性や関係性を把握し，理解するための学問体系である。基本的に人間の集まりである現実の社会は，実にさまざまな様相を呈しているが，それらを社会事象という共通の基盤で捉え，理解していくことが社会学の大まかな目的と言ってよい。

その社会学を理解するにあたり，まず，その対象となる社会について，あらためて見ておくことにしよう。社会の「会」の字義（人が集まる）からも明らかなように，社会には複数の人間の集まりという要素が不可欠である。ミツバチの集団もサルの群も，比喩的に社会と呼ばれることはあるが，もちろん社会学の対象となる社会とは異質のものであ

---

2) デュルケム『自殺論』(1985年) 355頁。

る。人間，しかも複数の人間を主体とすることは，社会の大前提とも言うべき条件である。

　しかし，ただ複数の人々が集まっているだけでは社会とは言えない。現実の社会は，たとえばある村落に居住する人々，あるいはある企業の従業員といったように，何らかの継続的な相互関係を取り結び，相互に作用し合う人々の集まりである。そのような集団では，一般に，まず何よりも構成員の間の相互作用が成立し，構成員によって同じ時間的空間的な場，つまり状況が共有され，さらに達成すべき目標が一定程度共有され，個々に分化した役割が定まって，それらへの他の構成員からの期待が生じ，そうしたことすべての結果として，構成員間にある水準での連帯が形成されることになる。それらによって，一つの社会は他の外部社会と明確に差異化されることになる。後段で取り上げることになる家族や学校，地域の仲間集団，職場といった社会集団も，もちろんそうした要素を十分に持った社会の一形態である。

**（3）社会学の目指すもの**

　社会学もその一員である社会科学は，基本的に社会を理解するための学問体系のグループと言ってよいが，実は，そのすべての出発点は共通しているのである。それは，「本来利己的で自由な人々が，なぜ，どのようにして，拘束的で秩序ある社会を形成しそれを維持するのか」という問題についての解を求めるということである[3]。その問にどのような観点からアプローチするかによって，それぞれの社会科学分野は分かれていると言ってよい。

　社会学以外の社会科学諸分野も社会を対象としていることに違いはな

---

[3] こうした社会の本質への問いかけはホッブズ問題（Hobbesian problem）と呼ばれる。ホッブズ問題は，アメリカの社会学者パーソンズ（Talcott Parsons）が，ホッブズ（Tomas Hobbes）の『リバイアサン』（1651年）の中の「万人の万人に対する闘い」と「社会契約による国家的秩序」という相矛盾する概念を基に定式化した社会科学の基本的命題である。

いが，もちろん，法律，政治，経済など，その考察の対象は互いに全く異なっている。しかし，そうした一見異なる対象は，実は，社会の存立の基礎，つまり社会の本質をどこに見出してきたかの違いによるものであって，社会を見るという基本的な姿勢に何ら違いはない。

　社会の最も基本的な構成単位は，二人の人間の間の相互関係，相互行為である。その本質をどこに見出すかが，社会科学の分野ごとの特徴となる。まず，秩序立った社会における人と人との相互関係は，個別的で偶然的な行為を統制するような規範，つまりきまりや習慣などに従って形作られており，相互関係の本質はこの規範にこそ見出しうるという立場に立つ学問分野が法律学である。しかし，そうした規範成立の背景には，さらにより本質的な関係としての権力関係，支配と従属の関係があると考え，そこにこそ社会関係の本質が見出されるという立場に立つ学問がある。それが政治学である[4]。

　一方，産業革命以降，自由な市場(しじょう)が形成されて機能するようになると，そこに近代社会の運動の本質を見る分野，つまり，商品と通貨の交換，労働力と賃金の交換等々，経済的な交換に相互関係の本質を見る学問分野が登場した。言うまでもなく経済学である。それに対して，最も後れて誕生した社会学が対象とするところは，ある意味で最も原初的な人間関係そのものだと言える。たとえば家族のような社会集団を，家計の収支や民法上のきまりといった限られた側面からだけでなく，親子関係や役割関係など，人間関係そのもののあり方から総体的に見ていく，あるいは企業集団の成り立ちを経済関係，契約関係に限定せず，人間相互あるいは個人と集団との関係といった観点から見ていくという立場をとるのが社会学である。教育の領域で言えば，学校の中で起こっている事象をカリキュラムや教材，教育理念などからだけでなく，教師と児童生徒の関係や学級文化，隠れたカリキュラムなどの側面から見ていくこ

---

4) このような関係から，たとえば法も政治も体系的に論じたホッブズやモンテスキュー（Charles Montesquieu）などのように，法律学と政治学は初期にあっては必ずしもはっきりと分化してはいなかったのである。

とも社会学的な方法の一つである。つまり，人々の相互関係そのものの形態，あるいはさまざまな相互関係に共通して見られる法則性や規則性を，法規範や市場法則といった特定の前提によらず，あるがままの複合的な行為の認識を通して把握しようという学問分野が社会学なのである。

## 2. 教育社会学の視座

### （1）社会事象としての教育

　先に述べたように，教育事象を社会事象として把握するのが教育社会学の姿勢である。それでは，教育事象を社会事象として把握するとはどういうことなのか，ここでそれを考えてみたい。商品を売買する，病人を治療する，犯罪者を逮捕して断罪する等々の行為と同様，教育は複数の人々による関わり方の一形態である。商取引，医療，裁判などのような複数の人間の関係性によって生じる事象を，社会，つまり人間関係の集合体の中で生じる事柄という意味で社会事象と呼ぶ。一般に，ほとんどすべての社会事象には，ただ単に複数の人間が関わっているというだけでなく二つの大きな性格が備わっている。その一つは定型性である。商取引や裁判などといった社会事象は，一度限りではなく何度も同じように反復して行われてきたが，そのことが社会事象に定型化した様式やきまりを与えているのである。もう一つは他の社会事象との関係性である。すべての社会事象は，個々別々に独立して起こっているのではなく，必ず他の事象との関わりの中に存在している。医療にも薬品の購入や治療費の支払いといった取引関係が深く関わっているし，裁判はおおよそすべての社会事象と重大な関係を持ちうる。教育という事象もその例外ではない。教える者と学ぶ者という人間関係からなり，教材や学校

という組織に見られるような定型性，そして他の社会事象との関係性をさまざまに持っているからである。その点で，教育も間違いなく社会事象の一つであると言える。

**（2）教育の社会学的検討**

　教育社会学という名称がそのまま示しているように，教育社会学は社会学の一分野であり，また教育学の一分野でもある。つまり，社会学としても，また教育学としてもともに複合的な分野に属するということである。社会学としては，産業社会学，家族社会学などと同様の特殊社会学という位置付けがなされている。産業を対象とする産業社会学，家族を対象とする家族社会学などと同じように，教育を対象とする社会学ということになる。一方，教育学としては，教育心理学，教育方法学などと並ぶ教育科学として成立している。教育の場における心理を研究する科学，教育の方法に関する科学などと同様に，教育における社会関係，つまり人（人々）と人（人々）とが教育を介して取り結ぶ関係性を研究する科学だということになる。

　一見，どちらでも実際の研究や分析に際しては何の違いもないように思えるかもしれない。しかし，前者のような規定をすれば，教育という対象は広く捉えながら研究の方法は社会学的にということになるし，後者のような立場では，方法的には比較的自由でありながら領域や対象を教育の場（学校またはそれに準ずる場）に限定することが多くなる。複合的な学問分野であるということは，そうした異なった視点をともに有しているという学問の多面性にもつながっているのである。実際，後段でも見るように，教育社会学における研究の領域と方法の拡がりは，他の学問分野に比しても著しく大きい。

　そうした拡がりの大きさは，また，教育社会学が比較的新しい学問分

野であることとも深く関係している。最初にその学問分野の名称が登場したのは1907年のことであった[5]。つまり、たかだか100年強の歴史しか有していないことになる。当初の教育社会学は、教員養成の一環として、教育を社会という視点を通して論ずるという性格の強いものであったが、アメリカのコロンビア大学で初めて教育社会学を講じたスザロ（Henry Suzzallo）のように、教育学者が社会学理論を応用しつつ教育を論じる場合もあれば、フランスのデュルケム（Émile Durkheim）のように、教員養成のコースを社会学者がたまたま担当したことから、教育社会学の分野での業績を残す場合もあったのである[6]。そうした事情が、教育と社会の双方に関係する領域やテーマであればすべて教育社会学の範疇に含みうるという初期の状況を生んだと考えてよい。そうした状況は、教育社会学が独立した学問分野として独自の歩みを始めてからそれほど時間が経っていないこともあって、現在でもなお完全に解消したとは言えない。

### （3）教育社会学の対象

　教育社会学が研究対象とする教育事象は多岐にわたっているが、大きく見るならば、それをミクロな事象とマクロな事象とに二分することができよう。前者は基本的に個々人の社会化にかかわる事象であり、子どもの自我形成、学級内部での児童生徒の社会化過程、仲間集団の社会化機能などを例として挙げることができる。それに対して、後者は全体社会や大規模集団の組織的、制度的な教育に関わる事象である。その例としては、産業化の進展による教育水準の高度化、学歴と階層移動、高等教育の社会的機能などが挙げられるだろう。ミクロな事象とマクロな事象とは、ただ単にそれに関わる人的規模（人数）が異なるというだけで

---

5) 田制佐重『教育的社会学』（1937年）によれば、後にワシントン大学学長を務めたコロンビア大学のスザロが初めて用いた概念だという。
6) デュルケム『教育と社会学』（1976年）、マンハイム（Kar Manheim）『教育の社会学』（1964年）などがその代表的なものである。

はなく，基本的な視点やアプローチの仕方も異なっている。すなわち，前者に対しては，個人の社会化（socialization）という視点から，その個人と他者（母親，教師，友人など）とからなる一対の二者関係の理解を基礎として，次第に大きな集団へと組み上げていくというアプローチをとる。社会化とは，ある社会に適合した知識や価値観，あるいは規範などを，その社会の構成員との相互行為を通じて人々が身に付ける（あるいは他者が身に付けさせる）過程を指し，教育社会学全般を通じての最も重要な基本概念の一つである[7]。他方，後者（マクロな事象）に対しては，構造と機能の量的把握という視点から，集団に現れた教育事象のある側面を変数化し，それを集団間で比較考量することで，それらの関係性や事象そのものの変動を理解していくというアプローチがとられる。

### （4）教育社会学の方法
#### ●実証主義
　実証主義とは，基本的に，社会事象は神の意志や選ばれた理性といった超経験的な概念によってではなく，観察され認識される経験的事実によってのみ説明されるべきだ，という考え方である。つまり，言葉を換えれば，私たちの社会の秘密を解く鍵は私たちの社会そのものの中にしか存在しない，ということである。このことは，教育社会学の対象である教育事象についても全く同様にあてはまる。

　私たちは日常的に教育事象を見聞している。それが単なる見聞にとどまらず，認識という段階にいたるためには，それらの事象に一定の命題を対置することが必要となる。命題とは，言葉を用いてある事象のありようを記述した文章（言葉，言明）のことである。複数の概念の関係を主語と述語を持った文章の形（「○○は××だ」「○○が××する」等）

---

7）デュルケムも述べているように，「教育とは若い世代を組織的に社会化すること」と定式化することができる。デュルケムにあっては，社会化が教育を包摂しているのである（デュルケム『道徳教育論』2010年，27頁）。

に表したものと言い換えてもよい。たとえば,「日本の初等中等教育の質は高い」「日本の教員養成における実習期間は短い」「生涯学習への関心が高まっている」というように,あらゆる教育的状況を命題の形で表すことができる。命題という言葉を用いるならば,教育社会学における認識とはある教育事象に関して何らかの命題を導き出すことである,と簡潔に言うこともできる。観察されたある教育事象に対して一つの命題が対置されることによって,ひとまず教育事象の認識は完了する[8]。

　ところで,自身の体験を振り返れば分かるように,そうした日常的な教育事象に対置される命題は,さしあたり印象的で個別的であり,多くの場合価値判断をともなっている。たとえば,自分の周囲の女子高生たちを見て「最近の若い女の子たちは派手すぎる」と認識したとしよう。たしかに,そう認識した個人の範囲内である限り,この認識には十分意味がある。というのも,その命題を参照するのが常に自分自身であるために,「最近の若い女の子たち」という言葉の指す具体的な集団も,「派手」という形容語句の意味も,「〜すぎる」という価値判断の基準も,すべて自明であって疑う余地のないものだからである。しかし,この認識の結果を他の人々が用いるとしたらどうだろう。「最近の若い女の子」とはいつごろからのどのあたりに住む何歳くらいの少女か,「派手」というのは具体的にどのような状態を指すのか,「〜すぎる」というのはどんな基準から言えるのか,といった疑義が生じて,たちまちこの命題は曖昧で要領を得ないものになってしまう。もちろんこのような

---

8) 教育事象の認識に際して陥りやすい過ちは,一見学術的に見える単語や熟語を事象に対置しただけで,学問的な考察をしたつもりになってしまうことである。たとえば,最近の若者のスマホ等を介した友人関係の特徴を「友情のバーチャル化」と名付けたとしても,それだけでは何ら明確な認識をしたことにはならない。それが意味のある命題を構成するためには,まず「友情」「バーチャル(化)」といった概念がはっきりと定義付けられていること,そして,そのような概念を対置することで,他の事象(たとえば家庭のバーチャル化,恋愛のバーチャル化など)との共通点の発見や他の事象との対比が可能になることが必要である。そうした手続きを踏まない命題の対置は,単なる事象の言葉への置き換えにすぎないのである。

| 日常的な認識の例 | 実証的な認識の例 |
|---|---|
| ◇青少年の犯罪は年々凶悪化している……………………印象的 | ◇2018年度の殺人による全国の未成年者検挙数は50人で，2008年よりも65人少ない……………………具体的 |
| ◇（自分の子どもを見て）最近の子どもはほとんど本を読まない……………………個別的 | ◇全国の小中学生がひと月に読む本は平均1.5冊で，20年前の調査時よりも1.2冊少ない……………………一般的 |
| ◇A市の教育は素晴らしい……………………価値的 | ◇A市の小学校における教員1人あたりの児童数は全国平均の2/3である……………………没価値的 |

図1-1　日常的認識と実証的認識（架空例）

認識を実証的と呼ぶことはできない。

　それに対して，実証的な認識の仕方とは，他者が疑義を差し挟む余地をできうる限り少なくした命題あるいは概念を，経験し観察された事象に対置することである。そのような命題や概念であれば，他者に対して自分の認識の結果を正確に伝えることができる（伝達可能）。また，他者が同じ事象を別の環境で見た結果と比べてみることも容易である（比較可能）。つまり実証的なものの見方とは，伝達可能性，比較可能性を十分に持った認識の方法のことだと言えるのである。実証的な認識の特性を日常的な認識との比較で例示すると図1-1のようになるだろう。

●量的分析

　教育社会学の現実の把握法は，大きく分けて量的な方法と質的な方法に分けられる。前者の量的分析は，教育事象を専ら数量的な指標によって理解しようという研究手法である。通常，社会事象をできるだけ細かな要素に分け，それらを変数と考えて組み合わせたり統計的処理をしたりすることによってそれら変数間の関連を見出す，というのが一般的な手順である。具体的には以下のようなプロセスを踏んで実施される。

①問題意識：観察や既知の理論等を基に二つの（またはそれ以上の）事象間の関連性に関する命題（仮説）を立てる。
②変数の決定：それぞれの事象を代表し，数量化，指標化できる変数を決定する。
③実査・観察・測定：それぞれの変数について各個人や集団の値（変量）を調べる。
④結果の分析：変量同士を量的に比較して変数間の関連性を見出す。
⑤解釈と命題化：変数間の関連から事象間の関係を推定し理論化する。

● 質的分析

一方，質的分析は，教育事象をその周辺部分も含めてできるだけ総合的に捉え，その意味を記述的に把握しようという研究方法である。そのためには，専らフィールドワークという手法が用いられる。量的な分析法と異なり，質的分析には教育に関して社会と人間を洞察的に理解する感性，追体験の能力が必要とされる。質的分析は，以下のようなプロセスを踏んで実施される。

①問題意識：調査テーマの範囲を設定する。
②フィールドの決定：対象となる事象を適切に観察・聞き取りできる場と対象者を設定する（ラポールつまり一定の信頼関係の形成）。
③フィールドワーク：対象となる事象に関する観察と聞き取りを行い，その内容を記録する。
④結果の整理：記録された内容の時間的空間的な整理と，必要に応じて図式化を行う。テキストマイニング[9]の手法による量的データ化も有効である。
⑤解釈と命題化：行為の意味と行為者の意図の解釈から事象の意味を推測して命題化し，理論化する。

---

9) 文中の単語（熟語）の出現回数や出現傾向などから，文章データ（テキスト）の意味内容を量的に把握し解析する手法の総称である。

●教育事象の認識

　このように，教育社会学が考察の対象とするのは，多様な側面を持つ人間の関係性の集積としての教育社会である。そこで生じた諸事象を理解する方法は多様であるが，基本的な考え方は現実を無限定的にありのままに見るということであり，それを通じて，教育における人と人との関係性を理解することこそ究極的な目的と言ってよいだろう。教育領域，とりわけ子どもたちと学校をめぐって見られるさまざまな事象（たとえば，学力の低下や回復，不登校の増加，学級崩壊など）を，顕在的で目に見える事象（たとえば，カリキュラムや教材の変化，教育理念の変動など）だけから説明するのではなく，教師と児童生徒との相互関係，相互作用や学級文化，かくれたカリキュラムといった潜在的で必ずしも常に見えている訳ではない側面も併せて検討していくというのも，典型的な教育の社会学的方法だと言える。肝心なのは，そこに人々の相互の関係性が絶えず意識されているということである。

## 参考文献

酒井朗・多賀太・中村高康編著『よくわかる教育社会学』(ミネルヴァ書房, 2012年)

田制佐重『教育的社会学』(甲子書房, 1932年)

デュルケム, 宮島喬訳『社会学的方法の規準』(岩波文庫, 1978年)

デュルケム, 佐々木交賢訳『教育と社会学』(誠信書房, 1976年)

デュルケム, 麻生誠・山村健訳『道徳教育』(講談社学術文庫, 2010年)

デュルケム, 宮島喬訳『自殺論』(中公文庫, 1985年)

日本教育社会学会編『教育社会学事典』(丸善出版, 2018年)

日本教育社会学会編『教育社会学のフロンティア1 学問としての展開と課題』(岩波書店, 2017年)

ハルゼー他編, 住田正樹・秋永雄一・吉本圭一編訳,『教育社会学―第三のソリューション―』(九州大学出版会, 2005年)

樋口耕一『社会調査のための計量テキスト分析―内容分析の継承と発展を目指して』(ナカニシヤ出版, 2014年)

マンハイム他, 末吉悌次・池田秀男訳『教育の社会学』(黎明書房, 1964年)

**研究課題**

① 教育事象を，感覚的，情緒的に（愛情とか心，努力などの概念を用いて）ではなく，客観的に社会学的把握をすることの利点と限界について，自身の経験をもとに具体的に考えてみよう。

② 『文部科学白書』の最新版を見て，そこにどのような教育に関するデータが掲載され，それぞれどのように用いられているかを調べてみよう。

③ メディアに取り上げられている教育事象，とりわけ教育問題について，この章で学んだ社会学的，実証主義的な考え方を基に，その内容や背景を自分なりに考察してみよう。

# 2 自我形成 —社会化の始点—

　誕生したばかりの生物としてのヒトは，とても弱々しく無力な存在である。自分で移動したり，母親にしがみついて体重を支えたり，身を守ったりすることもできない。ひたすら養育者に依存してかろうじて生命を維持しているように見える。しかし，その無力さこそ，生物としてのヒトが社会的な存在である人間になっていく最も重要な必要条件なのである。ここでは，ヒトの新生児が集団の中でさまざまな能力を身に付け，社会的存在としての人間になっていく自我形成のプロセスがどのように始まるのかを見ていこう。

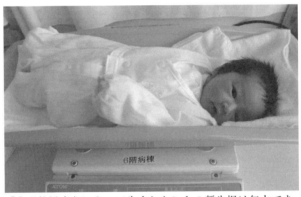

「生理的早産」によって生まれたヒトの新生児は無力であり，人間として生きていくための能力はほぼすべて誕生後の社会化によって獲得される。

**《キーワード》** 二次的就巣性，タブラ・ラサ，模倣，同一化，社会化，重要な他者，自我，Iとme，内的葛藤，内的コミュニケーション，シェマ，素朴理論

## 1. ヒトの誕生

### (1) ほ乳類の二類型

　スイス人の動物学者ポルトマン（Adolf Portman）は，既によく知られていた鳥類の雛の孵化時の形態から二つに分けられた類型（就巣性と離巣性）を援用して，哺乳動物についてもその出生時の形態や能力から同様の二つの類型があると指摘した[1]。その一つは，鳥類でいえばツバメやスズメなどと類似の就巣性ほ乳類（巣に就くほ乳類）という類型である。就巣性ほ乳類は，小型で脳容量が小さく，体の組織が特殊化していないという特徴を持っていて，出産に関しては早産かつ多産で，生まれてきた新生個体は無体毛，感覚器官が未熟で体温調節が十分にできない仲間である。食虫類，齧歯類，あるいは小型の肉食獣，たとえばネズミ，ウサギ，テンなどがこれに当たる。

　もう一つは，鳥類でいえばニワトリやカモなどと類似の離巣性ほ乳類（巣を離れるほ乳類）という類型である。この仲間は，一般に大型で脳容量が大きく，より高度で複雑に進化した体組織を持つという特徴を持っていて，出産に関しては胎児の期間が長く，1～2仔が普通で，生まれてきた新生個体は外界への適応に十分対応できるだけの発達を果たしているという生物群である。胎児の期間が長いのは，就巣性生物であれば出産後に進行する発達，特に感覚器官の発達を胎内で進行させるために十分な保護が必要とされるためと考えられる。出生後数時間で自由に動けるようになるウマやクジラ，ゾウなどの大型ほ乳類，あるいは各種の霊長類などがこの仲間に入る。

### (2) ヒトの出生特性

　それでは，ヒトの場合はどうだろう。ヒトは霊長類に属し，進化の度

---

[1] ポルトマン『人間はどこまで動物か——新しい人間像のために』（1961年）26-30頁。

合いからいっても，体の大きさや脳容量からいっても，また胎児期間の長さからいっても，明らかに離巣性ほ乳類に分類されなければならない種である。しかし実際には，一般的な離巣性ほ乳類とは大きく異なっている。出生時，体温を維持して身を守る体毛はほとんどなく，体を支える足の筋肉も，母親にしがみつく腕の筋肉も全く未発達なままである。そのまま放置したら生命を維持することもできないきわめて無力な存在である。出生児の状態はむしろ進化の度合いの低い就巣性ほ乳類に近い。そうした状態を，先のポルトマンは，本来の就巣性ほ乳類とは異なる就巣性という意味で，二次的就巣性と呼んだ[2]。

### (3) 二次的就巣性の要因

なぜ生物としてのヒトはそのような特性を身に付けるにいたったのだろう。そこには次のような要因があったと考えられている。

類人猿と枝分かれしたばかりの人類の出生の状況は，類人猿の仲間とほとんど変わらないものだったと想定できる。つまり，典型的な離巣性ほ乳類のそれである。しかし，森林から草原に出て直立歩行に適応するという進化の過程で，人類には大きな二つの変化が起こった。その一つは，脳容量の著しい増大である。それを可能かつ必然にした条件は，直立歩行によって大きな脳をまっすぐ支えることのできる体型を獲得したことと，手が自由に使えるようになったことの2点である。前者によってヒトは類人猿の仲間たちの3倍から4倍の脳容量を持つことが可能になり，また後者によって創造的な活動が可能になったヒトの脳は，急速に（と言っても数十万年かけて）複雑かつ大容量になっていったのである。もう一つの変化は，直立歩行によって，内臓を常時垂直方向に支えていられるように骨盤形状が変化したことである。その結果，四足歩行の場合には十分な大きさを確保できた産道が縮小されざるを得なくなっ

---

2) ポルトマン前掲書72頁。

たのである。

　人類の進化の過程では，脳容量の増大と産道の縮小という二つの変化が同時に進行したのであるが，その結果として，生物としてのヒトは生理的な難産という宿命を背負うこととなった。この矛盾の一つの解法が，生育途上での出産，つまり生理的早産ということだったと考えられる。人類は，生理的早産という一種の「適応能力」を獲得することで，種の保存に成功したと言える。本来の離巣性生物としてのヒトの誕生は，自分の足で立ち上がり歩き始める，ほぼ出生後1年たった頃だと考えられる。ポルトマンは，それまでの期間を子宮外胎児期と名付けている[3]。

## （4）出生時の対比

　ヒトの新生児は，同じように長い胎児期間を持つウマやサル，イルカなどと比較して，明らかに運動能力に関しては劣っている。ウマは誕生後すぐに立ち上がって歩行することが可能となり，サルも自分の力で母親の体にしっかりとしがみつくことができる。また，イルカも出生後すぐに泳いだり息継ぎをしたりすることができる。こうした哺乳動物たちの誕生後すぐの運動は，実は脳と運動諸器官の間に張りめぐらされた非常に複雑な神経系メカニズムがあって初めて可能なことなのである。したがって，それらの離巣性動物は，胎児期に母親の胎内でそのメカニズムを作り上げてから誕生してくるのであるが，ヒトの場合，早生の結果として手足などの運動諸器官とそれを機能させる脳神経系のメカニズムを胎児期に十分形成することができないまま，ほとんど何もできない新生児として生まれてくることになるのである。

　しかし，まったく何の能力も持たずに生まれてくるかと言うと，そうではない。ネズミやウサギなどの本来の就巣性の動物と異なり，視覚・

---

[3] ポルトマン前掲書101頁。

聴覚などの感覚器官だけは，比較的早く高度に発達して生まれてくる。その点では明確な離巣性生物の特徴を持っていると言える。

## 2. 新生児の能力

### (1) タブラ・ラサ

　イギリスの思想家，ロック（John Locke）は，そうしたヒトの新生児の特性を白紙あるいはタブラ・ラサ（*tabula rasa*：何も書いてない書板）と表現する[4]。ロックは，フランスの偉大な哲学者デカルト（René Descartes）が主張した「人には生まれつき真偽や善悪を認識し判断する能力が備わっている」といった生得説，生得観念に否を唱え，人のすべての智恵は経験的，後天的，受動的に獲得されると主張した。実は，すでに古代ギリシアの哲学者，特にアリストテレスに同様の思想があり，タブラ・ラサという用語も，ローマ時代以来さまざまな思想家が既に用いていたのであるが，ロックは，人間形成，人間の発達の出発点という意味で初めてこの概念を用いたのである。

　現在では，ヒトの新生児も（特に心理学の分野では）完全な白紙状態で生まれてくるとは考えられていないが[5]，他の離巣性生物に比べ，ヒトの新生児に出生後に書き込み可能な白紙部分が圧倒的に多いことは事実である。白紙部分を非常に多く持ち，その一方で外部からの刺激の入り口としての感覚器官は著しく発達して生まれてくるという特性が，生物としてのヒトが社会的存在としての人間に変わっていく最大の条件だといっても決して過言ではないのである。

### (2) 新生児の生得的特性

　これまで述べてきたように，たしかに生まれて間もないヒトの新生児

---

[4] ロック『人間知性論（1）』（1972年）第1巻第1章。
[5] ピンカー『人間の本性を考える―心は「空白の石版」か』（2004年）を参照。

はほとんど無力な状態にあるが，それでも基本的な二つの感性，能力だけは確実に保持していると考えられる。その一つは，「生きる」ということへの生物としての強い欲求である。これは，言葉を換えれば，飢えや渇きなどの苦痛を回避して，生命維持のための欲求充足行動をとらせる本能的なエネルギーとでも言えるものである。こうした能力がなければ，ヒトは生きていくことがそもそも不可能ですらある。精神病理学者のフロイト（Sigmund Freud）は，こうした情動をイド(id)あるいはエス(es)と名付け，それをヒトが生きるための心の根幹に据えている[6]。

ヒトの新生児が持っているもう一つの能力は，感覚器官を介した刺激への適応メカニズムである。たとえば，生まれた直後の新生児でも，大人がその目の前でゆっくり舌を出して見せると，それを真似てもぞもぞと舌出しをすることが実験によって分かっている。こうした外部からの刺激への反応は，自動的，本能的な反射に近い共鳴動作の一種で，エントレインメント（entrainment）と呼ばれている[7]。そのような先天的な能力を持っていることは，新生児が養育者の注意を引き，その働きかけを誘引するという意味で，生存に好都合に機能したと思われる。生後間もない赤ん坊がすでに身に付けているそうした能力や行動特性は，自然淘汰の結果として獲得された特質であると考えるのが自然だからである。やがて，こうした動作は，相手の真似をしようという意識的な動作である模倣へと進化していくのである。

### （3）模倣・愛着・同一化

先述の，生まれつき備わった二つのもののうち，後者，つまり感覚器官を介した刺激への適応メカニズムについて少し詳しく見よう。新生児の原始模倣，つまり周囲の成人の表情を反射的に真似る共鳴動作は，次

---

6) 藤永保「パーソナリティ発達の理論」柏木惠子編『パーソナリティの発達』（1992年）17-19頁。

7) 高橋道子「発達における胎児・乳児期の位置づけ」高橋道子編『胎児・乳児期の発達』（1992年）16頁。

第に表情を作る筋肉や運動のメカニズムが自らの脳と結び付いていくことによって，反射的には起こらなくなってくる。その代わり，目や耳を通して入ってくる映像や音声の意識的な知覚，自分の周囲にある顔（最も複雑な造形）の注視と自発的微笑反応，最も近い養育者（多くは母親）との近接維持行動としての愛着行動が見られるようになる[8]。そして，そうした愛着行動が，愛着対象（これも多くは母親）の行動の意識的な模倣，つまり同一化へと進んでいくことになるのである。

　生後数カ月の乳児が，母親の話しかけや自分に向けての動作を注視し，それと同じように真似てやってみようとするのは，まさにこの意識的模倣と同一化の能力が子どもたちに備わっているからである。特に意識的な教育訓練をしなくても，日本人の家庭に生まれた子どもたちが日本語に適した発声法を身に付けたり，日本人的な喜怒哀楽の表現をするようになったり，あるいは二足歩行で機敏に行動することができるようになったりするのは，生まれつきそうなるように仕組まれた体内のプログラムによるのではない。周囲に子どもたちが真似る対象が十分にあるという環境，対象の行動を感じ取る感覚器官と模倣の能力，そして，特に外的な動機付けがなくても内発的にそれを真似ようとする強い欲求（イド，エス）という三つの要素が揃うことによって，子どもたちは知らず知らずのうちに周囲と同じような行動様式を自らのものとすることができるようになるのである。

## 3. 社会化と人間形成

### (1) 社会化と重要な他者

　生後10カ月から1年前後の乳児は，すでに反射や刺激への単純な反応ではなく，自分の意思で自分のしたい行動をするようになる。つまり，

---

[8] 愛着（attachment）はイギリスの精神分析学者ボウルビー（John Bowlby）の提示した概念である。高橋道子他編『子どもの発達心理学』(1993年) に詳しい。

母親をはじめとする周囲の人々とは異なる自我が明確に形成されつつあるということである。ポルトマンのいうほぼ1年間の子宮外胎児期を経て離巣性ほ乳類本来の誕生期を迎える段階に達すると，いよいよ生物としてのヒトの子どもが社会的存在である人間になっていく過程，つまり社会化の過程が本格的に始まることになる。

　これまで見てきたように，個体生物としてのヒトは非常に脆弱な存在で，集団という後天的な仕組みを持つことによりはじめて存続することができたのであるが，そのことは，一方で，人がその作られた集団に適応せずに生きていくことはほとんど不可能であることも意味している。第1章でも見たように，人が自らの所属する集団に適応するための資質や行動様式を身に付ける過程が社会化である。行動様式をめぐっては，その集団の中でとるべき行動という積極的な規範もあれば，こういう行動をしてはいけないという抑制的な規範もある。どちらにしても，その集団への適応を目的としたプロセスに違いはない。

　子どもの社会化にあたっては，社会化の過程に大きな影響力を持つ人物あるいは人物群がいる。彼らは，他の人々をもって替えることが困難なかけがえのない人々である。それは，彼らが子どもたちの人格（パーソナリティ）の最も基本的な部分をほとんど無条件に（刷り込みに近い形で）形成するからである。そのような人々を重要な他者または意味ある他者（significant others）と呼ぶ。幼い子どもにとって，母親を中心とする家族の構成員が先に見た模倣，愛着，同一化の対象として最も重要な他者であることに間違いはない。子どもは，重要な他者を対象に模倣，愛着，同一化を繰り返しながら，最も初期の社会化を着実に達成していくことになるのである。

## (2) 自我における I と me

　社会化と自我の形成は，外部からの一方的な刷り込みによるのではない。アメリカの心理学者ジェームズ（William James）および社会学者ミード（George H. Mead）は，自我の二側面である主我（I）と客我（me）という概念を提示したが[9]，それらを用いるならば，次のように説明することができよう。

　子どもに限らず，人間の自我には二つの側面がある。その二側面とは，「主語としての（行動したい）自分」（つまり"I"）と「目的語としての（周囲や社会から行動を求められる）自分」（つまり"me"）である。前者が生きることへの強い欲求，つまりイドの具体化したものだとすると，後者は周囲の成人を模倣しそれに同一化しようとする適応メカニズムの高度化したものと考えることもできるだろう。乳児の頃には矛盾しなかったその二つの心理機制も，主我の独立性が強まるにつれて互いにぶつかり合うような状況も増えてくるのである。

　成人でもそうであるように，子どもの心の中では，いつも前者（たとえば「ボクはずっとゲームで遊んでいたい」という気持ち）と後者（「でも，お母さんは，遊んでばかりいないで宿題をさっさとやってしまう子がいい子だって言うしなぁ」という自分に期待される行動への認識）とがぶつかり合い（内的葛藤），それに決着をつけるための自分自身の内部での話し合い（内的コミュニケーション）が行われている[10]。その話し合いの結果，子どもは，最も妥当だと（自分が）思うような方向で妥協点を見出す（「そうだ，8時半までゲームをやって，8時半になったらきっちり止めて，それから宿題をすることにしよう，お母さんにもそう言って，それまでは文句を言わせずに思い切りやらせてもらおう」）。そういう妥協点は，ただ外部から一方的に与えられたルールでは

---

9) ミード『精神・自我・社会』（1973年）186-239頁。
10) 内的コミュニケーションの技術はもちろん生得的なものではない。自分と母親との会話をモデルとして獲得されるものである。母子の会話は内的コミュニケーションの技術の向上に大きく寄与する。

既になく，自分自身の意思（主我）の一部となっている。人間は，さまざまな状況に直面し，そこでの主我と客我の矛盾を解決した結果，そうした妥協例をいくつも主我の側に獲得することになる。そうすると，ただ周囲から強制されて行動するのではなく，自らそうしようと思って（つまり主我として）行動しているにもかかわらず他者と協調でき，また集団の規範を守ることができる一人前の「大人」の自我を形成することになるのである。

したがって，たとえば子どものだらしなさに対して「机の上を整理しなさい」と叱ったとしても，その効果は，親の言葉を肝に銘じることでも，また片付けという行為を強制することでもなく，子どもの心の中の内的コミュニケーションを通じて自ら妥協点を見出すことによって初めて現れることになる。自分で葛藤を解決するほうが，一方的に親が解答を与えて行動を強制するよりずっと効果的であることは言うまでもない。子どもの社会化にとって，そうした主我と客我の間の葛藤は必要不可欠な要素である[11]。たとえば，家族の中の複数の重要な他者，特に父親と母親の考えや趣味が違っているほうが，かえって子どもの精神生活が豊かになることがあるが，それは，葛藤や悩みとそれらを内的コミュニケーションで解決していくという経験が，子どもたちの自我を大きくするからにほかならない[12]。

## （3）シェマあるいは素朴理論

このような子どもの社会化における主我と客我との葛藤は，必ずしも

---

11) 歴史上の皇帝や王の跡取りが往々にして性格的に問題があったとされるのは，悩みのないように，葛藤のないように育てられた結果だと言えるかもしれない。
12) 図式的には，子どもの既存の行動様式（実は母親への同一化によって作られた主我）に，父親から提示されたそれとは異なる行動様式（新しい客我）が対置され，前者と後者の間で子どもは葛藤し悩み，やがて内的コミュニケーションを通じてそのどちらとも完全に同じでない自分自身の行動様式を主我の側に獲得する，というプロセスを想定することができる。

行動様式や規範の獲得だけに限って起こることではない。認知的，つまり知的な発達に関しても，同様の機制が働くと考えてよい。スイスの発達心理学者ピアジェ（Jean Piaget）は，多くの乳幼児の観察結果から，まだ言葉を持たない乳児であっても，自らの感覚器官を使って得られた情報をもとに，非常に素朴な内容ではあれ，彼らなりの「世界についての解釈」を持っていると指摘した。自分の周囲の環境に関して，「これはこうなっているんだな」とか「これはこれが原因で起こっているんだな」といった素朴な理論を誰もが持っていることを示したのである。このような素朴な世界観を，ピアジェは「シェマ（schema）」と呼んだ[13]。ひとたび成立したシェマは，あたかも行動様式の場合の主我のように，自分を取り巻くすべての環境を理解するための基準の理論，つまり素朴理論（naive theory）となる。

　しかし，やがて子どもの行動範囲が拡大し，言葉を獲得し始め，より複雑な因果を考案できるようになると，新たな現実に触れることで以前のシェマ，つまり既存の世界観や素朴理論に変更が迫られるようになる。そうした局面で子どもたちは，あっさりと無抵抗に新しいシェマ，素朴理論に乗り換えるわけではない。既存のシェマはそれまで自分そのものの一部であったため，簡単に否定し去ることはできないのである。あたかも行動様式の獲得における主我と客我のように，子どもたちの内面には既存のシェマと新しい解釈との葛藤が起きる。子どもたちはその葛藤をやはり内的コミュニケーションの結果として，より精緻になった自分なりのシェマを採用することで解決していくのである。

　子どもたちの認知的能力の程度は，換言すれば，どれだけ精緻なシェマを持っているかということにかかっていると考えることができる。新たなシェマの獲得が単なる刷り込みや書き写しではない以上，その精緻さは，その子どもがどれだけ多くの葛藤を解決してきたかにかかってい

---

13）ピアジェ『知能の心理学』（1998年）。英語読みで「スキーマ」とも言う。

ると言ってよい。葛藤の解決には，十分な内的コミュニケーションの能力が必要である。また，そもそもしっかりした既存のシェマ，素朴理論がなければ，新たな現実との葛藤も起こらない。重要な他者との会話を通じて活発な内的コミュニケーションの技術が身に付いていること，そして何よりも重要な他者とのふれあいの中でしっかりしたシェマが形作られていることが，認知的能力を高め，社会化を進める上で必要不可欠な条件となる。

## 参考文献

柏木惠子『子どもの「自己」の発達』(東京大学出版会, 1983年)
ジェームズ, 今田寛訳『心理学 (上・下)』(岩波書店, 1992-93年)
高橋道子他編『子どもの発達心理学』(新曜社, 1993年)
ピアジェ, 波多野完治・滝沢武久訳『知能の心理学』(みすず書房, 1998年)
ピンカー, 山下篤子訳『人間の本性を考える―心は「空白の石版」か (上・中・下)』(NHKブックス, 2004年)
藤永保「パーソナリティ発達の理論」柏木惠子編『パーソナリティの発達』(金子書房, 1992年)
ポルトマン, 高木正孝訳『人間はどこまで動物か―新しい人間像のために―』(岩波新書, 1961年)
ミード, 稲葉三千男・滝沢正樹・中野収訳『精神・自我・社会』(青木書店, 1973年)
ロック, 大槻春彦訳『人間知性論 (1)』(岩波文庫, 1972年)

## 研究課題

① 人類が他の霊長類と比較して著しい社会性を身に付けるようになった要因について考えよう。
② 乳幼児期に母親が頻繁に話しかけたにもかかわらず, 十分な内的コミュニケーションが身に付かなかった子どもについて, そのありうる要因を考えてみよう。
③ 「子どもには完全に正しい知識を与えるべきだ」という考え方と,「多少間違っていても分かりやすい素朴理論から与えるべきだ」という考え方のそれぞれの得失について検討してみよう。

# 3 | 家族 —初めての社会集団—

　ヒトとして生まれた子どもたちは，その大半が家族の中で養育される。子どもたちは，生物としてのヒトから社会的存在としての人間になっていく社会化の最初の期間を家族という集団の中で過ごす。家族とともに過ごすこの期間こそ，ヒトの社会化の最も重要な時期だと言ってよい。現代の家族は，その多様な活動のうちでも，子育てを最も重視する小集団であり，そのさまざまな行事も，その大半が子どもを中心に据えて企画され，実施されている。むしろそれが現代社会の一つの大きな特徴となっていると言っても決して過言ではない。家族の中に生まれた子どもたちが，そこでどのように生き，どのように社会化されていくのかを考える。

子どもにとって最初に出会う社会化の場が家族である。子どもは家族の中で人間としての第一歩を踏み出す。
ⓒ共同通信社／ユニフォトプレス

**《キーワード》** 家族，核家族，第1次集団，第2次集団，家族の機能，定位家族，生殖家族，母子一体性，自己愛，友愛家族，親の期待

## 1. 社会集団としての家族

### （1）家族とは何か

　初めに，われわれ人間が作る家族（family）というものの意味について，基本的な整理をしておきたいと思う。多くの哺乳動物が，その生物的特性と環境とに適合した形態の家族を作る。人類ももちろんその例外ではない。ゾウのように大きな体も持たず，ネズミのように旺盛な繁殖力もなく，ライオンのように鋭い牙や爪もないヒトは，その個体としての弱さを補うために大人数の集団で生活するようになった。集団生活が，強い肉食獣から身を守ったり，十分な食料を手に入れたり，あるいはまた効率的な生殖行動を可能にして，その結果として誕生した新しい命を保護したりする上で，非常に効果的だったからである。しかし同時に，集団化は狭い面積に多くの成人男女が群棲することで，女性をめぐる男性同士の葛藤と闘争の要因ともなった。

　そうした問題を解消し，大集団内部での性と生殖の秩序を維持するための一つの解が，血族に基礎を置く家族という形態の維持であった。それらがどのように形作られたのか，人類すべての家族が同じプロセスで形成されたのかについては諸説のあるところであるが，ともかくも人類は集団を作り，その中に家族という小集団を持ったのである。その構造は，時代や人種，民族を超え，きわめて普遍的なものだということができるだろう。

　家族を言葉の上で定義するならば，「血縁関係と婚姻関係に基礎を置き，居住と生計を共にする最も小規模な基本的社会集団である」ということになろう。「血縁」と「婚姻」という生理的な関わりに基礎を置いていることからも分かるように，家族の出発点は生物学的なものであるが，その範囲をどこに定めてどこまでを家族と呼ぶか，誰が構成員とな

るか，またどのような機能を果たすかは，その家族が属す社会や時代により決定される。その点では社会集団としての性格も強く持っていると言える。

アメリカの人類学者モーガン（モルガン）（Lewis H. Morgan）は，ネイティブアメリカン諸部族の調査を踏まえ，人類の家族形態が「群婚」から「血縁家族」「家父長制家族」などの形態を経て「一夫一婦家族」に進化してきたと論じた[1]。これには，欧米型の一夫一婦制を進化の到達点として，他のすべての家族形態を未発達なものと位置付ける素朴すぎる進化論という欠陥はあるものの，一定の方向をもって変化するという視点を家族研究にもたらした点で画期的な意味があったと言うことができる[2]。モーガンが家族の形成とその進化の根本に置いたのは，「近親相姦の禁忌（incest taboo）」ということである。この絶対的な規範をどう守っていくか，性をめぐる集団内の人間関係をどう統制していくかは，家族という集団にとっての永遠の課題であり，最大の存在理由の一つでもあったのである。

### （2）第1次集団と第2次集団

家族の持つ機能について考えるに先だち，ここで集団としての家族の意味と特性を整理しておくことにしよう。

人々の集団は，構成員相互の結合の仕方，あるいは各構成員の集団へのコミットメント（関わり）の形態や程度によって分類することができる。アメリカの社会学者クーリー（Charles H. Cooley）は，各構成員が直接的かつ人間的に結びつき，強い一体感を特徴とする主情的な小集団

---

1) モーガン『古代社会』1958年。
2) しかし現在では，家族形態の進化はそのように絶対的な単一の形に収斂するものではなく，相対的なものであると考えられている。たとえば，同族内，同地域内，同階級内で婚姻関係を持つ「内婚制（endogamy）」から，それを忌避する「外婚制（exogamy）」への変化は，かつては家族の進化と見られてきたが，近年多くの地域で再び階級内，地域内，宗教内等の内婚化傾向が見られるようになっていることが指摘されるなど，家族の進化の方向性は必ずしも一様ではない。

を第1次集団（primary group）と名付け，その他の集団類型と区別した。家族や子どもたちの遊戯集団，同輩集団，近隣集団など自然発生的な集団をこの範疇に入れることができる。第1次という表現には，それが人々のあらゆる結合の原型になっているということと，基本的な人間性を育む自我形成と社会化の最初の場であるということが含意されている。当初この概念は専ら人格形成という視点からのみ用いられ，それに属する集団類型も限定的に考えられていたが，構成員の直接的接触や主情的な関係に基づく集団は社会生活のいたるところにあることが明らかになるにつれ，より広い集団分類の概念として用いられるようになった。また，第1次集団以外の集団にも，特定の目標達成のために意図的に組織され，構成員相互の間接的，合目的かつ機能的な関わりを特徴とするといった共通特性を持つ集団を類型化する必要性が主張されるようになり，クーリー以後，それらは第1次集団との対比で第2次集団（secondary group）と呼ばれるようになった。企業，政党，会員制クラブなどある特定化した目的のために人為的に作られた集団がその代表的なものである。

　こうしたクーリーらの類型に当てはめれば，家族は典型的な第1次集団である。集団としての家族は，構成員相互が（損益を考慮したり権力関係に配慮したりする合理性によってではなく）主情的に結び付き，一体感を持って親密な対面的関係を取り結び，全人的に関わり合って共棲する第1次集団であると言えるだろう。

## （3）核家族とその機能

　人は，他の多くの哺乳類あるいは鳥類でも一般的に見られる「夫婦家族」を構成する。夫婦家族はその夫婦の間の未婚の子どもを加えて「核家族（nuclear family）」と呼ばれる。アメリカの文化人類学者マードッ

ク（George P. Murdock）は，ネイティブアメリカンやミクロネシア諸族などの実地調査から，あらゆる社会に共通して存在する普遍的な家族形態として核家族があることを発見し，家族の原初形態は核家族であると結論付けた[3]。

核家族は，集合して親族を構成する。孤立した核家族だけでは大集団の中でも存続することが困難であった状況のもとでは，親族が互助組織のように機能したと思われる。核家族の構成員は，親族のもとで，一族のしきたりや親族内序列などの集団的統制に服すことを強制されるが，その代償として集団的な援助を期待しうる。しかし，都市を中心とした近代化の進展は，旧来の親族の互助機能に代替するものを提供することでそれを衰退させ，再び親族から切り離された現代的な「孤立した核家族」を増大させた。今日広く用いられる核家族という概念は，この近代以降の孤立した核家族を指す場合がほとんどである。

ところで，マードックによれば，家族の基本単位である核家族には次のような四つの機能がある。

①性：単に性欲を満たす環境を提供するということではなく，構成員に文化としての性の形態と規範とに則った枠を与える，つまり性をめぐる行為と関係を統制することである。

②生殖：次世代の構成員を生み出していく機能である。

③教育：生み出された次世代の構成員の社会化である。

④経済：時には分業しつつ生産と消費を共同して行う共住共食関係である。この機能があるために，労働力としての女性あるいは男性をやり取りするという社会的価値の交換関係が生じ，婚姻をめぐるさまざまな形式・儀礼が成立したのである。

現在社会にあっても，われわれは，程度の差こそあれ，マードックの観察した時代同様に，こうした普遍的な機能の現代的な現れを核家族の

---

[3] マードック『社会構造』（1978年）で展開されている。

随所に見ることができる。

## (4) 核家族の二面性

　そうした機能には，しかし，核家族のすべての成員が共通して同じように関わっているわけではない。たとえば，生殖の機能は，性的に未成熟な子どもたちには全く関わりのないことである。一方，生殖と類似したことのように思える性の統制の機能は，統制される側としての子どもたちにもむしろ関係の深いことである。また，経済に関しては，子どもたちの場合，生産にはあまり関わらず，もっぱら消費をするのみである。教育，つまり社会化に関しては，主体の側（親世代）と，客体の側（子世代）とがはっきりと分別されている。

　すなわち，同じ家族であっても，成員の位置がどこであるかによって，それぞれ違った家族の意味や家族への関わり方があるということができるのである。

　『ヤンキーシティー・シリーズ』などで知られるアメリカの社会人類学者ウォーナー（William L. Warner）は，文化の世代間伝達，あるいは社会化という観点から，家族は定位家族（family of orientation）と生殖家族（family of procreation）という二つの機能的側面を持つと指摘した（図3-1）。

　定位家族とは，出生家族とも言い，ある家族構成員が自らの社会的位置をその中で決定されていくような非選択的な家族であり，未成年の構成員，つまり子世代にとっての家族がこれに当たる。人は誰も運命的に一つの定位家族に生まれることになる。一方，生殖家族とは，創設家族とも言い，家族構成員が自らの子女を産み，育て，社会化していくような選択的な家族であり，結婚後の成人構成員，つまり親世代にとっての家族がこれに当たる。一つの核家族は親にとっての生殖家族であると同

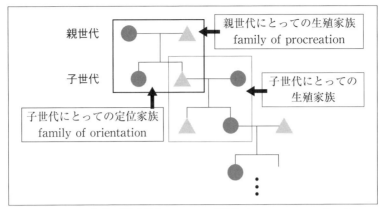

**図3-1　家族（核家族）の二つの側面**（ウォーナーによる）

時に，その子どもにとっての定位家族である。人は定位家族から生殖家族へと所属する家族を変えながら，家族に内在する文化を習得し，実行し，伝達していくのである。通常，人は一生のうちに一つの定位家族と一つの生殖家族を経験する[4]。

## 2. 家族と子どもの社会化

### (1) 母子一体性と自己愛の形成

さて，ここからは目を家族の中での子どもの社会化に転じよう。生まれて間もない乳幼児は，家族構成員の中でも，通常，母親と最も密度の濃い接触を持つ。前章でも見たように，社会的にほとんど白紙の状態で生まれた子どもも，感覚器官だけは完成に近い状態にあるが，それを用いて周囲の環境を理解していくための自分自身の視点というものを持っていない。それを提供してくれるのが母親である。母親は子どもを無条

---

[4] ただし，近年，日本においても一つの定位家族と一つの生殖家族を体験するというような単純な図式では捉えられない複雑なケースが増えてきていることは周知のとおりである。家族をあまりに固定的に捉えることで，現実を見誤ることには注意する必要がある。

件に受け入れ(絶対的受容),子どもは母親を無条件に信頼する(絶対的信頼)という関係の中で,子どもには,自然に自他の区別というもの,内界と外界の別というものが理解されるようになる。抱っこやおんぶなどの状態で,母親の行動様式を同一化して体験し,それを日々反復することは,その後の子ども自身の視点を定める意味で,非常に重要である。このように,母親(またはそれに代わる重要な養育者)への同一化は,「母子一体化」と呼ばれる状況の中で最も効果的に進行することになる。母子一体というと,今日では「甘やかし」とか「自立不全」あるいは「マザコン」などと混同してネガティブに語られることも多い。しかし,この時期に家族内にあって母子一体が達成できていない場合,後述の自己愛が形成されにくくなり,子ども自身のものを見る目や判断基準が十分に形成されなくなるおそれすら生じるのである。

　通常,家族の中で,特に母親との関係において,子どもはかけがえのない宝物として扱われる。そうされることで,子どもは自分には重要な意味があり,大事に扱われるべき存在であるという意識を植え付けられるのである。こうして植え付けられた自分を強く肯定する態度を自己愛と呼ぶ。家族の中の誰よりも自分が大切で,これから先の永い生活の中で常に自分が自分の中心にある,あるべきだという信念が自己愛である[5]。子どもは,家族によって十分な自己愛を形成されることで,それ以降の発達をより確かで効果的なものとすることができるのである。

　ただし,ここで注意したいのは,この自己愛が,日常的次元で成人のパーソナリティを表現する際にしばしば用いられる自己中心主義や利己主義,エゴイズムなどといった,一般的で相対的な評価とは異質の概念だということである。それらとは異なり,自己愛は近代的社会成立の原

---

[5] たとえば,子どもが抱っこをせがんだり,外出に連れて行くことを求めたりする背景には,確かに「歩かずに楽をしたい」とか「外出を楽しみたい」といった顕在的な欲求があることは否定できないが,それ以上に,自分が大切な存在と思われているか否かを常に確認したいというより大きな願望があるのを見落とすことはできない。その証拠に,小さな子どもは,力強くてより長時間楽ができそうな父親よりも,母親に抱っこされることを求めたりする。

理的出発点とも言える個々人の資質であり，それなしには近代市民社会が成立することすら困難になるような絶対的条件だと言ってよい。前章で論じた主我（I）やシェマ，素朴理論，あるいは「人権」といったものの基礎にあるのも，実はこの自己愛なのである[6]。

### （2）基本的行動様式の獲得

　前章で見た同一化の欲求により，子どもは周囲のより活発で力強い存在の行動を無条件に模倣しようとする。たとえば，ヒトの乳児と同月齢の類人猿を比較すると，その知能程度や運動能力はほぼ同じであるが，唯一，ヒトの乳児のほうが優れている能力があり，それが模倣の能力だと言われている。その卓抜した模倣能力で，ヒトの子どもは，周囲の人々の行動様式や言葉，感情表現等々を自分のものとして取り込んでいくのである。そうした最も基本的な行動様式等を模倣させるのが，重要な他者としての家族である。

　第1章注3）で見たパーソンズとベールズ（Robert F. Bales）は，家族の中で性別により異なった模倣が行われることを，簡潔に図式化して示した（図3-2）[7]。

**図3-2　家族（核家族）の基本的役割構造**
（パーソンズ，ベールズの『家族』をもとに図示）

---

6) すでにホッブズやロック，あるいはルソー（Jean-Jacques Rousseau）なども，社会原理としての自己愛に言及している。
7) パーソンズ，ベールズ『家族』（2001年）75-77頁。

彼らによれば、家族に内在する文化のほとんどすべてが性役割に関連している。性役割とは、それぞれの性の構成員に集団内で期待される互いに異なった役割のことである。パーソンズらは、家族の持つ基本的機能を「子どもの社会化」と「成人のパーソナリティの安定」という2点に集約したが、特に前者に関しては性の違いによる役割の差異をキー概念として議論を進めている。彼らによれば、家庭内には道具的（手段的・適応的）役割を期待される構成員と、表出的（統合的）役割を期待される構成員とがおり、そのそれぞれに上位者と下位者がいる。道具的上位者は父親であり、下位者は男の子どもである。また表出的上位者は母親であり、下位者は女の子どもである。下位者は同性の上位者をモデルとして、定位家族の中で自らの性役割を習得し、やがて生殖家族の中でそれを子どもに伝達していくという[8]。現在の家族では、このように単純な図式で理解しようとすることは、性別役割を固定的に捉えるという誤解を生みやすく、扱いが難しい側面もあるが、前世紀半ばのアメリカ社会、ということを念頭に置いたうえで、基本的な性別役割構造の伝達構造を理解することには意味があるに違いない。

## 3. 家族の変化

### （1）制度から友愛へ

さて、そうした家族は現在、どのような意味と意義をもって存在しているのであろうか。そこに大きな変化は見出せるのだろうか。

先に見たように、従来の家族（核家族）は、前述のように基本的な四つの機能を果たすと考えられていた。しかし、このうちの一部分は、現在の家族から分離されてしまった、もしくはその意味が著しく軽くなってしまったという見方もできる。たとえば、人々が農漁村から出て都市

---

[8) ただし、その後の多くの研究により、性役割は生物学的な性に必ずしも固着しないことが実証されている。

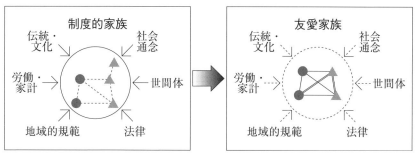

図3-3　制度的家族から友愛家族へ

に集まり，被雇用者として生計を維持するようになることで，家族は生産の単位ではなくなってしまった。父親や母親が家の外の職場でどんな生産活動に携わっているのか，子どもは基本的に知ることができないのである。

　教育もそのかなりの部分が，学校のような社会制度にとって代わられている。かつては親が見ていた家庭学習すら，塾や予備校，通信教材などによって外部化，市場化が進んでいる。性の統制も，メディアの発達とともに，家族だけの独占的機能ではなくなっている。性とその規範やタブーに関する子どもたちの知識の大半は，メディアやインターネット，友人など，家族外からもたらされるようになっている。それだけ家族の存在の必然性が希薄になっているとも言える。また，かつては，周囲からの社会的な力で制度的に維持されていた家族も，現在はその力の弱まりとともに，家族成員相互の友愛に存続の根拠を求められることが多くなっている。制度的家族から友愛家族へという変化をそこにはっきりと見て取ることができるのである（図3-3）。

　しかし，友愛が根拠となることは家族という集団の存続にとって，必ずしも望ましいとは限らない。むしろ，構成員相互の結合の根拠が友愛

という情緒的なものに帰着されてしまうことで，わずかな感情の振幅が大きな崩壊へとつながる危険も生じてくることには注意を要する。友愛家族の優越は，家族という社会集団を脆弱なものとし，その存続を危うくするような要素もはらんでいるのだということもできるのである。

### (2) 家族とその社会化力の変化

　社会の近代化は，必然的に家族成員の分化（個人化）と家族機能の単純化を進展させた。前近代的家族においては成員が強く集団に束縛されていたのに対し，近代的な家族では協働，教育，宗教，娯楽等々の機能が次々に外在化されたため成員の解放が進んだが，反面，家族は凝集力の弱い集団となった。その結果，家庭内の疎外状況，あるいは家庭崩壊といった問題も生じてきている。そうした状況は，成員がますます家庭外で時間を過ごすようしむける結果につながるという悪循環を生む。加えて，かつてそのような事態を解決してきた親族共同体や地域共同体も先進社会では解体の危機に瀕しているという現実がある。定位家族と生殖家族が地理的，社会的，時間的に乖離している現状では，家族の範囲内でこうした問題に対処することは不可能に近い。

　家族の崩壊の最も一般的なかたちが離婚である。日本においても離婚は急増している。もっとも，アメリカの例では離婚者の80％が2，3年内に再婚していることから考えて，彼らが制度としての結婚に反対しているのではないことが分かる。高度成長期以前の日本のように離婚に対する社会的サンクション（制裁，風当たり）の強かった社会では，離婚という形では崩壊が顕在化せず，別居や家庭内別居など「暗数としての離婚」の形を取るケースが多かったのである。一方，そうした家庭崩壊の結果としての母（父）子家庭率も上昇している。これは離婚による場合と，未婚の女性の妊娠・出産による場合とがあり，どちらも大きな社

会問題となりつつある。

　しかし，同時に，現代社会に適応するような新しいタイプの家族も形成されている。たとえば，妻，母親が継続的なフルタイムの就労をしている'ニュー・ファミリー'やDINKS（ダブルインカム・ノーキッズ），契約結婚，同棲，同性結婚などがそれである。

　今日の家族は，図式的に見ると，伝統家族（拡大家族）から核家族を主とする近代家族へ，社会や共同体に包摂される制度的家族から成員が相互に情緒的な関わりを持つ友愛家族へ，成人を中心に置く家族から子ども中心家族へ，そして生産や消費のための家族から子の教育を非常に重視する家族（教育家族）へという急激な変容の直中にあると言ってよいだろう。

### （3）親の期待

　この章の最後に，そうした家族の中での子どもの社会化をめぐる親の考え方やしつけ観といったものについて触れておくことにしよう。女性史学者の沢山美果子は，その家族の史的考察の中で，日本の新中間層が作る教育家族には，「素直でかわいく」という童心主義と「教育・学歴によって無知な状態から脱却させる」達成主義，学歴主義と言えるようなものとの二つが，矛盾しつつ存在していたと指摘している[9]。それを踏まえ，教育社会学者の広田照幸は，日本の家庭におけるしつけを論じつつ，親の期待は童心主義，厳格主義，学歴主義という三つのグループに分けられることを示している[10]。ただ，こういった親の意識や行動は，必ずしも"主義"といった形を取らない不定型なものが多く，またそれらが同時に存在するとは言えないことから，ここではそれに少し手を加え，親の期待の三態の変化として図式化してみた（図3-4）。

　ヒトとしての子どもは，周囲の期待（役割期待）があることで，より

---

9) 沢山美果子『教育家族の誕生』（1990年）
10) 広田照幸『日本人のしつけは衰退したか―「教育する家族」のゆくえ』（1999年）

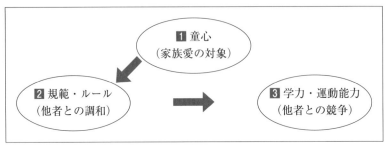

図3-4 親の子に対する期待の三態

効果的に社会的な人間となる道をたどることができるようになる。家族、特に親の期待は最も基本的で重要である。親の期待は、通常、「童心」から発現し始め、幼児期になると「規範・ルール」を適切に身に付けた子どもを理想とするようになり、やがて学齢期に近づいてくると「学力・運動能力」での他の子どもとの競争に勝てる（負けない）ことに向かっていくようになる。矢印はその発現順を示している。

しかし、実際のところ、それぞれの期待は相互に対立し合う要素を持っており、他の期待を抑制しなければ新たな期待は達成されないことがほとんどである。たとえば、社会一般のルールを身に付けさせようと思えば、いつまでも可愛い乳幼児としての童心を示して欲しいという希望はある程度諦めなければならない。また、子どもをルールの枠内に収めようとのみ思っていては、他の子どもに優越することはできない。

ある時期から、程度の差こそあれ、三つの期待は併存するようになるが、家庭によりそのバランスは異なっている。そして多くの場合、父母（あるいは祖父母も含めて）の間でもバランスに差がある。家族によっては、そして子どもによっては、他者との競争という役割の欠如した「パラサイト・シングル」予備軍の子どもたちや、社会的規範だけが欠如している好戦的な甘えん坊、童心への期待を向けられずに育った「ア

---

11) 合衆国元大統領のビル・クリントンは、自分がアルコール中毒の義父との複雑な生活の中で「アダルト・チャイルド」となったことを告白して話題となった。

ダルト・チルドレン（AC）」などの社会化不全が見られることになる[11]。

　一方，子どもに常にすべての要素の達成を求め（パーフェクト・チルドレン），そのための厳しい教育的態度を自分自身に課し，配偶者にもそれを求める（パーフェクト・マザー／パーフェクト・ペアレンツ），という傾向も，中産階級を中心に発現していることが指摘されている。言うまでもなく，それも問題状況の要因となりがちである。その背景に，現代社会では常に実質的なオピニオンリーダとなるメディアの影響があることは指摘しておく必要があるだろう。メディアは教育以外の（たとえば，視聴率を上げるとか，発行部数を伸ばす等の）原理で動いているため，必ずしもその活動が子どもたちのよりよい社会化にプラスになってはいないのが現実である（第12章参照）。現代の家族による社会化をめぐる環境は，残念ながら決して良い状況にあるとは言えない。

### 参考文献

沢山美果子『教育家族の誕生』（藤原書店，1990年）
広田照幸『日本人のしつけは衰退したか―「教育する家族」のゆくえ』（講談社，1999年）
パーソンズ，ベールズ，橋爪貞夫他訳『家族』（黎明書房，2001年）
マードック，内藤完爾訳『社会構造』（新泉社，1978年）
モルガン，青山道夫訳『古代社会』（岩波文庫，1958年）
渡辺秀樹編『変容する家族と子ども』（教育出版，1999年）

### 研究課題

① 人類だけがなぜ大きな集団の中の排他的小集団としての家族を持っているのか，その要因と背景を考えてみよう。
② 親の生殖家族が同時に子の定位家族でもあるという構造の持つ意味と利点について考えてみよう。
③ 現代の家族の変容が，子どもの社会化に与える負の影響についてまとめてみよう。

# 4 | 幼児期 ―遊びと子ども集団―

　家族の中で基本的な社会化を進めた子どもは，次第に母親や家族を離れ，同地域，同年齢層の子どもたちと多くの時間を過ごすようになる。そうした集団は基本的に「遊ぶこと」に目的が特化した小集団である。そこには，それぞれの家族の中で大切な存在として社会化されてきた子どもたちが集まるため，遊びの中で自分だけが特別扱いをされるということはできない。遊びに関するルールもより厳格に適用されることになる。そうした新しい環境の中で，彼らは家族での社会化とは質的に異なる新たな社会化を進めていくことになるのである。ここでは，家族から地域へと一歩踏み出した子どもたちがたどる新たな社会化について考える。

追いかけっこや鬼ごっこは，子ども集団における遊びの定番であり，素朴なルールと勝敗のシステムを伴うゲームである。　　　　　　　　　　　　　©ユニフォトプレス

**《キーワード》**　一般化された他者，子ども集団，第1次社会化，第2次社会化，遊び，プレイ段階，ゲーム段階，役割取得，幼児教育

## 1．家族から仲間集団へ

### （1）家族と仲間集団

　乳児期を過ぎ，満3歳を迎える頃から，子どもたちは近隣の同年齢層の子どもたちと一緒に遊ぶという時間を過ごすようになる。それ以前に子どもたちが大半の時間を過ごしていた家族は，先章でも見たように，最も基本的な第1次集団であり，そこに生まれた子どもたちにとっての重要な他者のみからなる集団であった。そこでは，基本的な感性やコミュニケーションのとり方，価値観などが他の構成員とほぼ共通していたため，自然に相互の調和が可能であった。たしかに兄弟げんかのようなものは日常的にあるにしても，それで兄弟の関係が途絶したり家族が崩壊したりすることはなかったのである。

　それに対し，子どもたちの集団は，異なる家族での基本的社会化を経てきた構成員からなる小集団である。子ども集団の仲間たちは，家族のメンバーとは違い，交換不可能な重要な他者ではなく，遊びの場に限定され遊ぶということに特化した相互関係を取り結ぶ「一般化された他者」（generalized others）としての側面を持っている[1]。そのため，自然に調和するということにはならないのである。うまく調和できなければ容易に別れることも可能であって，社会化のプロセスも自ずと家族とは異なったものとなるのである。

　そのプロセスを検討する前に，まず子どもたちの集団とはどのようなものなのか，それを見ておくことにしよう。幼稚園での年少組，年長組といった集団や小学校での学級集団，あるいは家族とも異なり，子ども集団は成人の監督者，指導者，保護者を含まず子どもたちだけで構成される小集団である。また，より大きな概念である仲間集団（peer group：ピア）の一類型でもある。仲間集団とは，年齢や社会的地位，

---

[1] 一般化された他者とは，先に見たミードの用語である。重要な他者以外の，社会全体の規範や価値に基づいて自分に社会的役割を期待したり，社会的役割で接したりする他者を指す。

性、能力、趣味などの同一性、類似性に基づいて形成される、不定形で自然発生的な小集団を指す概念である。自然発生的であることから、家族ほどではないにしろ、第1次的な集団と言うこともできる。われわれ成人も、学生サークルや同じ職場の友人仲間、同期会、ゴルフ仲間、趣味のサークルなど、広い意味での仲間集団に複数属しているのが一般的である。そうした仲間集団の枠の中で規定するならば、子ども集団は、地域社会の中で年齢および近隣性に基づいて形成された仲間集団の一種であると言うことができる。幼少の子どもとその保護者（多くは母親）が、初めて地域の公園などの遊び場に顔を出して、そこにある小集団に仲間入りする機会を「公園デビュー」と呼んだりするが、まさにそれこそが子どもの（そしてその親・保護者たちの）仲間集団への「入会」「イニシエーション」にあたると言ってよいだろう。

　なお、用語の正確を期すならば、「子どもの仲間集団」と言うべきであるが、本章では、煩瑣になるのを避け、それを「子ども集団」と呼ぶことにする。

## （2）子ども集団の特性

　子ども集団に関する概念規定を受け、次に、そうした子ども集団の特性を詳しく見ていくことにしよう。子ども集団には、一般的に言ってどのような特性があるのだろう。

　まず、最も重要なことは、それが遊びのための集団つまり「遊戯集団」だということである。また、通常は意図的に形成された集団ではなく、自然発生的で非公式、つまりインフォーマルな集りだという特質もある。さらに、同年齢集団であることから、その成員たちは、地位・能力・権威に関して等質な水平的関係にあるということも重要であろう。このことは同時に、子ども集団が、片方に親や教師など絶対的な上位者

が存在し，もう一方にいる他の構成員は常にその指導，監督を受ける側にあるという二極に分化した地位構造にはなりにくいことを示唆している。その点で，それまでの家族や，やがて参加することになる学校などの組織とも全く異なるものだと言えよう。そうした水平的な人間関係は，仲間に接するにあたっての緊張感を和らげ，必然的に所属することの心地よさにつながっていく。しかし，そのことは同時に，成員間の葛藤が，「指導する者とされる者」「叱る者と叱られる者」という外在的で誰の目にも明らかな人間関係のメカニズムによっては解消されず，けんかや仲間はずれ（はずし）といった成員相互の対立の形をとって現れる要因ともなっているのである。

### （3）子ども集団の諸要素

　さて，そうした子ども集団では，一般にどのようなことが行われているのだろうか。その活動の要素についても見ておくことが必要である。

　まず，何より重要なのは，成員が空間と時間を共有しているということである[2]。当たり前のことのようだが，実はそれが最も重要なことなのである。それによって，各成員はコミュニケーション様式をかなりの程度共有することになるからである。これは，子どもが家族以外でコミュニケーション様式を共有する最初の機会でもある。そして，子ども集団では，その主目的である遊びももちろん共同で行われる。「一緒に遊ぶ」ということがメンバーシップのほとんど唯一の証であり根拠であると言っても決して過言ではない。さらに，本来的な地位構造はないにもかかわらず，体格や運動能力，機転，知識量などの差から，活動の中で必然的にリーダーとなることの多い成員と従うことの多い成員が出てく

---

[2] 住田正樹は，こうした共有制を「子どもの居場所」という概念で表し，検討している。そこでは「主観的に意味付けられた［関係性─空間性］」が重要であると指摘されているが，それこそまさに空間と時間の共有および遊びの共同ということにほかならない（住田正樹「子どもたちの『居場所』と対人関係」住田正樹・南博文編『子どもたちの「居場所」と対人的世界の現在』（2003年）7-8頁。

ることになり，そのリーダーを中核とする意思決定のパターンができあがる。また，非常に初歩的で原始的なものではあれ，仲間の間で守るべきルール，規範とそれを破った場合の制裁についての合意が形成され，それがある程度実行されることにもなる。もちろん，そこには，一定の距離は保たれているものの，家族（特に母親）の保護，監視という要素を否定することはできない。要するに，彼らは，実社会の集団であれば当然付随するような要素を大筋で備えた社会の原始的なミニチュアの中で，全体としては成人によって監視され，保護されながら，目的の活動にひたすら従事している（つまり，夢中になって遊んでいる）と考えることができるのである。そのことが，子どもたちにとって，重要な他者だけで構成される家族ではなしえない，実社会への適応に向けた新たな社会化の第一歩としての子ども集団への参加の最大の意義なのである。

## 2．子ども集団における活動

### （1）子ども集団における社会化

　子ども集団において子どもたちがどのように社会化されるのか，それを家族の中での社会化との対比で見ていくことにしよう。

　前章でも見たように，家族における社会化の重要なポイントは，子どもの内面に自己愛が形成されること，基本的な行動様式が刷り込まれること，そして最も基礎的な価値や規範（ルール）が内面化されることであった。要するに，そこでは，重要な他者との間で子どもたちの第1次社会化が行われていたのである[3]。

　それに対し，子ども集団においては，まず共通の遊びを通して，集団内での連帯意識が形成される。同年齢の同質集団からなるということが，それをある程度自然に可能にするのである。しかし，家族よりも異

---

3) 第1次社会化とは重要な他者との関わりによって基本的な価値や規範，行動様式が内面化されることを指す。それに対し，第2次社会化は一般化された他者との関わりによって，特定の目的ごとの役割の獲得がなされることである。

```
┌─────────────────────────────────────────────────────────┐
│  家族における社会化          子ども集団における社会化    │
│                                                         │
│ ◇自己愛の形成              ◇集団における連帯意識の体得  │
│ ◇基本的行動様式の刷り込み   ◇異なる行動様式を持つ他者との調和 │
│ ◇最も基礎的な価値や        ◇集団内での役割の取得        │
│   規範（ルール）の内面化    ◇規範（ルール）の初歩的な    │
│                                        主体的運用      │
│    ┌──────────────┐                                     │
│    │重要な他者による│                                   │
│    │第1次社会化    │    ┌──────────────────┐           │
│    └──────────────┘    │一般化された他者同士による│    │
│                        │第2次社会化        │           │
│                        └──────────────────┘           │
└─────────────────────────────────────────────────────────┘
```

図4-1　社会化の意味―家族と子ども集団の比較―

質性の強い他者と接するため，家族のようには自然に調和しにくいこともまた事実である。そこで，自ずと出身家族の異なる異質の行動様式を持つ他者との調和が求められることになる。また，より積極的に，集団内での役割を取得できるようになることも重要である。子ども集団の内部で生じる素朴な分業が，子どもたちに対して役割の取得を促すことになる。そして，「これはボクがやる」とか，「○○ちゃんずるい！」とかいった子どもたちの日常的な言葉に垣間見ることができる規範（ルール）の初歩的な主体的運用も見られるようになる。要するに，子ども集団の中では，一般化された他者同士による第2次社会化の初歩的なものが行われると考えてよいのである（図4-1）。

**（2）遊びの意味**

　ここで，子ども集団の主たる活動目的である遊びの内容と意味について改めて考えてみよう。子ども集団においてその構成員の社会化が進行する中で最も重要な手段となるのが遊びであるが，遊びとそうでない行

動の境界を定めることは，それほど容易ではない。遊びの規定を最も広義に「生存に直接必要ではない恣意的な行動」とすると，睡眠，食物摂取，排泄，そして生産活動とそれに付随する時間以外の行動はすべて遊びに含まれてしまう。幼児の場合，生産活動，定型的な学習活動が欠如している分，遊びの比重は著しく高い。

　実は，多くの高等生物が，成体になる前にしきりに遊ぶ時期を経験する。これはその生物の生存に必要な体力や技能，知識などを体得するための本能的な行動だと考えられている。高等猿類の毛繕いやマウンティング，育児の真似遊び，大型肉食獣のじゃれ合いなど，彼らは遊びによって集団内のコミュニケーションの方法や捕食の技能を学ぶのである。ただ，それらの生物では，成熟とともに不要となった遊びをしなくなるのが普通であるのに対し，ヒトは成体になった後もそうした行動が普通に見られる。そしてそれが人類の最も顕著な特性の一つともされている[4]。

　人の子どもたちの遊びには，成人のそれに比べ，他の高等生物の幼体にも共通する実生活のための準備行動という側面が強く見られる。その意味で本能的だと言うこともできる。しかし，類人猿（特にボノボやチンパンジー）あるいは集団で狩りをするライオンやオオカミ類に比べ，人間の実生活は圧倒的に複雑で，準備すべき技能や知識も多種多様な上に大量である。それだけ人の子どもは多様な遊びを長期にわたって必要とすることになるし，また実際にしていると考えられるのである。

　遊びの多様性については，フランスの思想家カイヨワ（Roger Caillois）がその著『遊びと人間』の中で論じている[5]。彼は，遊びを「競争」「偶然」「模倣」「眩暈（めまい）」の4種類に分類して考察しているが，その

---

[4] オランダの歴史家ホイジンガ（Johan Huizinga）は，その著書『ホモ・ルーデンス』の中で，人は，子ども期だけでなく人生のあらゆる時期に遊びを行う「ホモ・ルーデンス（遊ぶ人）」であり，その起源は「ホモ・ファーベル（作る人）」よりも先にあると論じている（ホイジンガ『ホモ・ルーデンス―人類文化と遊戯―』1973年）。

[5] カイヨワ『遊びと人間』（1990年）。

類型を子どもたちの多様な遊びに当てはめると，次のようになる。
　競争：鬼ごっこ，かくれんぼ，ベイゴマ，格闘技，スポーツ，など
　偶然：じゃんけん，くじ，ババ抜き（競争の要素もあり），など
　模倣：ままごと，物真似，ヒーローごっこ，電車ごっこ，など
　眩暈：ブランコ，回転遊具，ジャングルジム，そり，滑り台，など
　子どもの遊びにもカイヨワの分類が当てはまることを見てとれる。しかし，成人の遊びと異なり，子どもの場合に最も重要なことは，通常，こうした遊びが集団で行われるということである。たとえば，多くの子どもはブランコや滑り台で遊んでいても，1人だけの場合にはすぐに飽きて止めてしまうものである。遊びの集団性こそ，子どもの遊びの最大の特徴だと言ってよいのである[6]。

　子どもたちは，集団における遊びの中で，目標の共有，遊びの企画，協調，競争，闘争，和解，譲歩，仲間との信頼，共にいることの安心，共感，快感のシェア，抑制，役割期待，役割遂行，規範遵守，制裁，受容，そして何より他の集団構成員との連帯，等々の仕方と意味を，頭でなく体で学ぶ。それらの一つ一つは，将来実社会での活動と人間関係において必ず求められる必須の要素であることがわかる。遊びの中には，まさに社会に適応し，他者とともに安定した生産的な活動を遂行していくためのあらゆる要素が胚胎していると言ってよいのである。

## (3) プレイ段階の遊び

　このように社会的自我を形成する上で重要な役割を果たす子ども集団での遊びについて，第2章でも見たアメリカの社会学者ミードは，その中に以下のような二類型が見出せることを示している。
　まず，第1の類型は，大人の行為や役割を真似て演じる"ごっこ遊び"である。これは，カイヨワの分類で言えば「模倣」に当たる。ミー

---

[6] 近年のゲーム機器等による遊びのバーチャル化，個別化は，これまでの子どもの遊びの概念を大きく覆す危険性をはらんでいることが指摘されている。

ドはこの類型の遊びをプレイ段階の遊びと位置付けている。この類型は，子ども集団での遊びの比較的初期に見られるとされる。その本質はやはり模倣である。模倣される相手は重要な他者であることが多く，女の子が母親，男の子が父親を模倣して遊ぶというごっこ遊び（この場合は"ままごと"）をすることで，その性別に分化した成人に求められる将来の社会的役割を身に付ける契機になる。また，ミードは，自分自身を他者の立場に置いて見ることで，客我としての自分を主我に対置できるようになるとも指摘している。たとえば，人形遊びをするときの人形は，実は自分自身であり，自らは母親となって自分の面倒を見るという役割を演じているのである。このように，子どもたちは役割演技を意図的にしていく中で初期の自我形成を進めていくのである。

　実際には，真似る対象の範囲は家族に限らない。小売店やファーストフードの店員，駅員，美容師，運転手，警察官など，子どもたちが興味を持った実社会のさまざまな職業人が対象となりうる。しかし，メディアの影響が極限近くまで大きくなった現代社会にあって，このごっこ遊びの対象は，必ずしも母親や父親，地域社会の人々といった身近な存在にとどまらなくなっているのも事実である。むしろ，今日ではままごとよりも，メディアの中のヒーロー，ヒロインの模倣のほうが，遊びとしては比重が高くなっていると言えるだろう。場合によっては，現代の女の子たちは「お嫁さん」や「お母さん」になる前に「セーラームーン」や「プリキュア」に，男の子たちは「お父さん」にならずに怪獣と戦って地球を救うヒーローになってしまうのかもしれない[7]。

---

7）ただ，あまりに現実の経験からかけ離れた非現実的な模倣の対象は，実際の自我形成にとって必ずしも有効ではないと言えるかもしれない。というのも，そうしたヒーローたちのまなざしは，必ずしも「一般化された他者」のまなざしとは同じでないからである。

### (4) ゲーム段階の遊び

次いで，ミードが指摘するのは，ゲーム段階の遊びという類型である。この類型は，カイヨワの示した第一の分類である競争に当たると考えてよい。スポーツのゲームに代表されるようなゲーム遊びは，2～3人，場合によっては独りきりで遊ぶことの多いプレイ段階の遊びの場合よりも参加人数が多く，遊びの仕組み自体が複雑で，統制のためのルールもより高度なものになってくる。その遊びの中で，子どもたちは誰かほかの人物の役割を真似て演ずるのではなく，組織化されて分業化された役割そのものをルールに従って演じるのである。たとえば，野球というゲームを考えてみると，そこには分厚いルールブックに象徴されるような複雑なルールが存在し，参加者の全員がそのルールに関して一定の理解と習熟を求められる。何人もの子どもがルールに従って，投手や野手，打者，走者といった分業化された役割を演じることで，初めて競技が成立するのである。サッカーなど他の競技に関しても同様である。また，鬼ごっこのように単純に見える競技も，原理的にはルール（鬼に触られたら鬼，公園の外には逃げない等）と役割の分化（逃げ手と鬼）が萌芽的に見られる。プレイ段階にはほとんど見られなかったルールや役割分業が重要な意味を持ってくるのがこの段階の最大の特徴である。

このように成立したルールやきまりは，競技参加者や子ども集団の共通した意思であり，集団全員のとるべき態度が体系化されたものと考えることができる。このとき，1人の子どもにとって，集団の他の構成員はごく初歩的な形ではあれ，親や兄弟とは異なる先述の一般化された他者として意識されることになるのである。もちろん，家族やプレイ段階の遊びにもある程度のルールは存在するが，それは通常きわめて恣意的なもので，親のその日の気分で大きく基準が変わったり，子どものひと泣きで適用されなくなったりする性格のものであった。それに対して，

子ども集団の中で見られる一般化された他者の共通した意思としてのルール，つまり集団規範はより厳格である。それは，主として一般的な他者からなる集団との調和を図るための規範で，対象が多数になり，個別な関係の寄せ集めではうまくいかなくなるため，そのもとでは，単なる感情的な友愛ではなく，初歩的ではあれ相互扶助と協調の原則に基づく合理的な行動が求められることになるのである。

　こうした各類型での遊びを通じて，子どもたちは自分の役割を認識し，他者と協調しながらそれを遂行し，さらにはルールを守って遊ぶことの意味や重要性をも，子ども集団の中で楽しみながら学ぶことになるのである。

## 3. 幼児期の社会化と教育

### （1） 役割取得過程としての社会化

　社会は名目であって人間の集合体にすぎないという見方（社会名目論）ではなく，人間は単なる器でそこに社会的役割という内容が盛られているという見方（社会実在論）に立つならば，人々は与えられた役割を演じていて，社会はそれが展開する巨大な舞台であると考えることもできる。そう考えるならば，子ども集団における遊びの中で進む社会化は，集団の中での役割（社会的役割）を知り，理解し，獲得して，それを演じる過程とも考えられる。その際の役割取得のプロセスは，まず役割を認識し，それを先行して演じている年長者を模倣しながらその役割を演じ（役割演技），それが周囲に承認されることによって役割を獲得する（役割取得）という図式で示すことができる。

　しかし，ひとたびある役割を取得した子どもたちであっても，彼ら自身の発達と周囲の状況の変化によって矛盾や葛藤（役割葛藤）が感じら

れるようになると，その役割から距離を置くようになる(役割距離化)。これは，実は次の新たな役割を獲得するための準備でもある。具体的には，このようなプロセスになる。

「車の通る道を横断するときには手を挙げるんだな（役割の認知）」→「みんなみたいに僕もやってみよう（役割の模倣）」→（親に褒められて）「うん，ちゃんとできると気持ちいいな（役割演技）」→（しばらくして）「あれ，チビの弟もやってる，お兄ちゃんのボクが同じじゃ格好悪いや（役割葛藤）」→「車がいないときには手を挙げるのよそう（役割距離化）」→「でも，自転車に乗っているときはどうするのかな（次の新たな役割の認知）」

このような一連の役割取得をめぐるプロセスを経て，幼児期にある子どもたちはより多様で複雑で高度な，つまりより多くの一般化された他者との関わりを持つ役割を自らのものとして獲得していくのである。

### (2) 幼児教育

現代の日本では，これまで述べてきたような幼児期の子ども集団は，幼児教育，就学前教育（幼稚園，保育所など）をめぐって形成されることが多い[8]。その意味で，子ども集団を考えることは，同時に幼児教育

---

8) 幼稚園は，その理念の根本を180年以上前のドイツのフレーベル（Friedrich W. A. Fröbel）まで遡ることができる。フレーベルは，ルソーの自然主義教育とペスタロッチの労作教育の強い影響のもとに，学校教育に先立つ幼児期こそ統一的人格形成の最も基本的で重要な時期と考えて，生活・労作・遊戯等における子どもの内発的な自己活動を重視した世界初の幼稚園「キンダーガルテン」を創設した（1837年）。特に遊戯においては，「恩物」と名付けられた一連の遊具を考案して，幼児教育の根幹に置き，現在の幼稚園教育の基礎を築いた。恩物の考え方は，現在の幼児教育の積み木や遊具に生かされている。フレーベルはその著『人間の教育』の中で，幼児教育のモデルは理想的な家庭教育の中に求められるべきだと書いており，幼児教育を家庭教育の延長線上に置いていた。その上で，幼児教育が必要なのは，すべての子どもに理想的な家庭教育を期待することはできないからだと考えたが，今日では幼稚園や保育所，あるいは子ども園などでの社会化に，家族の代替物ではないより積極的な意味を認める考え方が主流になっている。

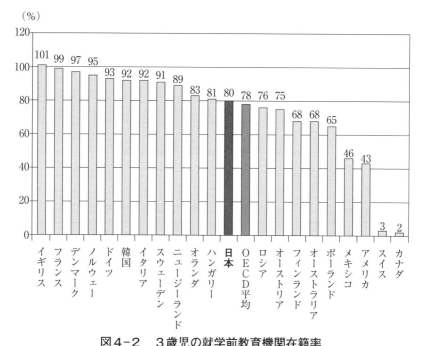

**図4-2 3歳児の就学前教育機関在籍率**
(文部科学省『図表でみる教育―OECDインディケータ』(2017年版) より)

の現場を考えることとにもつながってくる。日本の幼児教育は，主に幼稚園と保育所で担われてきたが，前者が文部科学省所轄であるのに対し，後者は厚生労働省が所管しているなど，小学校以降の学校教育と比べ，制度的に整っていない状況が続いていた[9]。

幼稚園などでは，教育といっても集団での遊びが主になる。家族の機能という要素，子ども集団の機能の要素，学校の機能，それらがバランスを取って，進級にしたがって行われていると考えてよい。前章で見た親の期待のうちの「童心」，「ルール」，「達成」に重点を置いた対応を，

---

[9] 幼稚園と保育所を一元化する「幼保一元化」が政策レベルで検討され，2006年に「幼保連携型認定こども園」が制度化された。

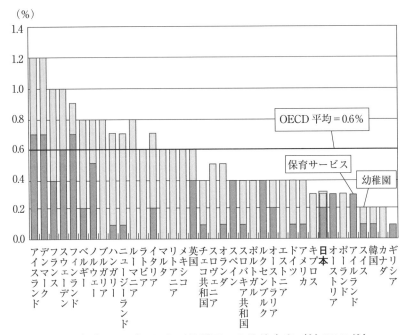

**図4-3　保育サービスおよび幼稚園への公的支出（対GDP比）**
（文部科学省『図表でみる教育―OECDインディケータ』（2017年版）より）

それぞれ年少組，年中組，年長組で行っていると見ることもできるかもしれない。しかし，基本的には，先に見た子ども集団における遊びの内容とその機能を考慮して，それを効率的，組織的に行っているというのが現行の幼児教育の本質だということができるだろう。

　量的に見ると，現在，日本の3，4歳児の就学前教育機関在籍率は，他のOECD諸国と比較して高くも低くもなく，平均的なグループに入っていることが分かる（図4-2）。

　しかし，そうした機関への公費支出の程度を見ると，OECD諸国の

中でも最低位のグループに属していることも分かる（図4-3）。幼児教育の広く認められた重要性に対して，社会的支援が十分になされていない状況を看取しうる。このことは，たとえば家族の経済力による就学前教育への接近しやすさの格差を拡大する要因ともなりうる。それが集団適応力の差や学力の差となって現れてくることも十分考えられる。

　さらに，先述のように幼児教育（保育）に関しては，幼稚園（文科省所轄）と保育所（厚労省所轄）の二元性も問題となってきた。しかし，教育や福祉以外の論理によるさまざまな障碍があり，2006年以来の「認定こども園」への「幼保一元化」は必ずしも順調に進んでいるとは言えない。

　そのような問題をはらみつつ，現在の日本社会における幼児教育は，子どもの社会化の非常に重要な部分を担い続けている。それは幼児教育が，子ども集団における遊びとその社会化機能という社会化の根幹に関わっているからである。そこでは，家族と異なり，重要な他者ではない一般化された他者としての近隣の同年齢の他者との関わりの中で，共同の遊びという主目的のもと，将来社会に適応していくための準備が行われ，子どもたちはやがて来る学校教育との出会いを待つのである。

## 参考文献

カイヨワ,多田道太郎・塚崎幹夫訳『遊びと人間』(講談社学術文庫,1990年)
酒井朗・横井紘子『保幼小連携の原理と実践』(ミネルヴァ書房,2011年)
住田正樹・南博文編『子どもたちの「居場所」と対人的世界の現在』(九州大学出版会,2003年)
住田正樹『子ども社会学の現在―いじめ・問題行動・育児不安の構造―』(九州大学出版会,2014年)
日本教育社会学会編『教育社会学研究88号 特集:幼児教育の社会学』(東洋館出版社,2011年)
ホイジンガ,高橋英夫訳『ホモ・ルーデンス―人類文化と遊戯―』(中公文庫,1973年)

## 研究課題

① 子ども集団の意義をまとめ,幼児期に(教科の学習,スポーツなどの訓練,貧困による労働などで)子ども集団での遊びを体験しないことの負の影響について考えてみよう。
② 遊びを通しての社会化と学習としての社会化を比較し,それぞれどのような状況でより効果的であるのか考えてみよう。
③ 幼保一元化についての情報を収集し,その進展の可能性と課題について考えてみよう。

# 5 | 初等教育 ―社会成員の基礎―

　学齢に達するまで，子どもたちは基本的に家族という重要な他者の中で基礎的な社会化を遂げる。最初の一般化された他者である近隣の遊び仲間たちとの関わりも，常に個々の家族という枠組みの周辺で展開することになる。その意味で，子どもたちは重要な他者の集団と関わり，自らも重要で特別な存在として過ごしてきたと言ってよい。小学校の入学式は，そうした子どもたち全員が，初めて公的な組織に所属するようになるイニシエーション・セレモニーという性格を持っている。この日を境に，子どもたちは一般化された他者の集団の中で，自らの存在も社会的に一般化され，一人前の社会成員となっていく歩みを始めることになるのである。

国民教育の出発点としての小学校において，子どもたちは教科の内容とともに他者と協調して生きることを学んでいく。©共同通信社／ユニフォトプレス

《キーワード》 社会化の場の拡大，学校，橋渡し，初等教育，社会化・選別・正当化，隠れたカリキュラム，学校文化

## 1. 社会化の場の拡大

### （1）接する他者の増加

　子どもたちの社会的発達を，接する他者の数と多様性，あるいは社会化の展開する場の大きさという観点から見てみよう。すると，接する他者の数も場の大きさも年齢とともに拡大の一途をたどることが分かる。まず，母親に代表される家族という重要な他者の中に生まれた子どもたちは，そこで自分自身の根本となる自我を形成しつつ，母語の獲得をはじめとする最も基本的な社会化を体験し，次いで家族を出て周囲の仲間たち（ピア）の中での社会化を経験して，その多くが幼稚園あるいは保育所などで集団的な社会化の場に入る，というように，次第にその社会化の場を広げつつ，発達していくのである。

　今日，世界のすべての国々の子どもたちは，少なくとも制度的には，公的な学校システムの中で教育を受けることになっている。宗教的な理由で女子への教育が禁じられていたりするきわめて例外的な社会を除けば，満6歳前後に設定された学齢を迎えた年から一定期間の義務教育を受けることになる。子どもたちの社会化の場は，それによってそれまでとは比較にならないほどの拡がりを見るようになるのである。そのイメージは図5－1の概念図のとおりである。

　この概念図にも示したように，子どもたちはただ一様に連続的な場の拡大を経験するのではない。外出や旅行，ピアとの出会い，幼稚園（保育所）への入園（入所），そして小学校入学といった節目ごとに，イニシエーションによってその前段階とは明確に区分された段階的な社会化の場の拡大を体験する[1]。新しい社会化の場への参入，つまり新たな他者との出会いが子どもたちにとって新鮮な出来事になると同時に，それ

---

1）イニシエーション（initiation）は，本来文化人類学の概念であったが，現在では広義に，ある社会的集団や組織に加入する際に見られる一連の儀式を伴う行為体系を指す。非日常的な儀式により，新たな集団・組織への加入を強く印象付け，意識付ける機能を果たす。

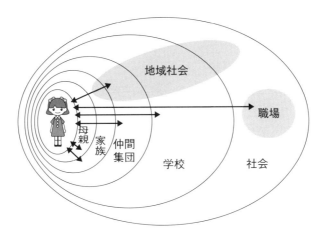

図5-1　社会化の場の拡大

までの人間関係を更新することがストレスの要因ともなる。そのような更新をいくつも段階的に経ながら，子どもたちは彼らの社会化の場を次第に拡大していくのである。

　もちろん，新たな社会化の場に参入したからといって，母親や家族との関わりがなくなってしまうわけではないし，そこでの社会化の意味が消えてしまうわけでもない。子どもたちが相変わらず生活時間のかなりの部分を家族と一緒に過ごすことに変わりはない。しかし，就学前と比較すると，家族という重要な他者の持つ「重要性」は，明らかに低下する。家族と一緒に過ごす時間が激減するだけではない。通学，勉強，宿題，教科書，友人関係，各種の行事，課外活動等々，彼らの生活の重要な部分が家族ではなく，学校に起因する事柄によって占められるようになる。たとえば，子どもと母親との家庭での日常会話にしても，学校であったこと，遠足や運動会などの学校行事のこと，担任の先生や級友のこと，そして勉強や宿題のこと，といったように，その内容の多くが学

校に関わることとなっていく。

## （2）社会化の場の特性比較

　本来，社会化は非常に広い概念である。それが行われる場は，家族や学校といった明確に社会化をその主要な機能としている集団や組織に限られるものではない。テレビを見ているとき，友人と街角で話しているとき，旅行先でさまざまな文物に接するとき，孫と会話をしているとき，病院で医師から説明を受けているとき等々，枚挙に暇がない。誕生から死の直前まで，人間は人生のあらゆる場で社会化され得ると言っても決して過言ではないのである。

　しかし，そうしたいわば日常の中に埋め込まれたさまざまな社会化は，基本的に偶発的で非制度的，非組織的なものである。そのような日常の中にあって，本来の目的や機能として社会化が行われる場となっているのは，宗教集団のように目的が限定的で特殊なものを除けば，家族，仲間集団，学校，そして職場ということになろう。ここで，それぞれの社会化の場の特性をいくつかの項目ごとに比較して見てみよう（表5-1）。

　まず，家族は，第3章でも見たように，子どもから見た場合の血縁関係に人間同士の結合の根拠を持つ典型的な第1次集団であり，そこでの社会化の動機付けは制度的強制でも金銭でもなく主に情愛に基礎を置いている。そこで何らかの葛藤や逸脱があった場合，それを統制するのは上位者（つまり親や年長の兄弟姉妹）の慣習であり，法規範ではない。同様に見ていくと，仲間集団は家族ほどではないにしろ第1次集団的であり，地縁によって結びつき，情愛や友愛（友情）によって動機付けられ，集団の慣習や慣習的なルールで統制される場ということになる。ついで，本章のテーマである学校は，実社会における職場ほどではないに

表5-1　社会化をめぐる各集団の特性比較

| 集　団 | 集団特性 | 結合の根拠 | 動機付け | 統制ルール |
|---|---|---|---|---|
| 家　族 | 第1次 | 血縁 | 情愛 | （上位者の）慣習 |
| 仲　間（ピア） | 第1次的 | 地縁 | 情愛<br>友愛 | （集団の）慣習 |
| 学　校 | 第2次的 | 地縁<br>目的の共有 | 友愛<br>達成への期待 | 慣習<br>規則 |
| 職　場 | 第2次 | 目的の共有 | 報酬<br>達成感<br>承認 | 制度<br>法規範 |

しろ，制度化，組織化された第2次集団的な組織である。ただし，その入り口である小学校は，地縁によって結びつき，友愛と学校の顕在的な主目的であるさまざまな達成（発達）への自他の期待によって動機付けられていて，慣習や初歩的な規則によって統制される第1次集団的な性格を持った場である。最後の社会化の場としての職場は，企業等の活動という共通の目的に限定されて人為的に組織された典型的な第2次集団であって，その目的を共有することを結合の根拠とし，職務上の達成に見合った報酬や集団内部の承認・評価，自らの達成感などが動機付けとなり，違反には制度上の規則や社会の法規範が適用されるという特性を持った場である。

　このように，それぞれの場によって社会化の内容や根拠，条件，進み方は大きく異なっている。学校の果たす役割は，それが社会化に特化して組織され，制度化された社会集団であるという背景を持っていることにより，とりわけ特徴的であり重要であると言える。

## （3）橋渡しとしての学校

　学校という制度の持つ機能の詳細は後述するとして，ここでは，その特殊な役割を「家族と実社会との橋渡し」という側面から俯瞰してみよう（図5-2）。家族，仲間の次に子どもたちは学校という集団に参加する。原理的には，そこで内面化されるのがもっぱら集団適応に関する規範（集団規範）である点で，家族とは異なっている。集団規範は，主として家族のような重要な他者ではない一般化された他者（第4章参照）との調和を図るための規範である。そこでは対象が多数になり，個別な関係の寄せ集めではうまくいかなくなるため，単なる感情的・情緒的な友愛ではなく，相互扶助の原則に基づく合理的な行動が求められるようになるのである。

　しかし，居心地のよい家庭や気の合う仲間同士の遊びの場から，いきなり大勢の他者のいる場へと子どもたちを引き出すため，学校の初期にはある程度家族や仲間集団に代わる魅力が備わっていなければならない。そうでなければ，子どもたちは，学校での適応はおろかそもそも学校へ行こうとすらしなくなってしまう。そこで，まず優しい先生と簡単

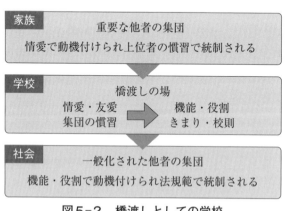

図5-2　橋渡しとしての学校

な勉強，誰でもそこそこの点が取れるようなテスト，おいしい給食，楽しい体育，一緒に遊ぶのがおもしろい友だち等々といった道具立てで，「みんなといることが楽しい」という気持ちを育て上げる必要がある。その感情が，それ以降の学校におけるすべての社会化の最も重要な土台になると言っても決して過言ではない。そこでは，「みんなと一緒だと勉強も楽しい」といった高揚も，また「友だちが痛い思いをするのはかわいそうだから乱暴をしない」といった抑制も，もっぱら友愛（友情）に基づいて機能することになる。こうした感情は，家族，特に兄弟姉妹に対する態度とも非常に良く似ている。その意味で，学校の始まりは極めて「家族的」だと言ってよい。

しかし，時間とともに，子どもは感覚的にではなく，なぜそれを守ることが必要かを合理的に考えて規範を内面化することを求められるようになる。その変化は，先に第4章の子ども集団において見た「プレイ段階からゲーム段階へ」という遊び類型の変化とも類似している。集団規範は一対一の人間関係に関わる規範よりも複雑で，基本的に合理的で論理的な判断をしていかなければならないからである。勉強に関しても同様に，「みんなで一緒にやると楽しいから」ではなく，「能力を高めるためにはその学習が必要だから」という考え方が主体となってくる。そこで，学校では，学年が進行するほど理屈抜きの刷り込みではなく，努力して達成すること，そして規範を守ることの意味を理解しながらの社会化が進められることになるのである。もちろん，小学校段階，とりわけその初期に用いられる理屈（素朴理論：第2章参照）は稚拙で単純なものであるが，学年進行とともに次第に複雑で高度な理屈が求められるようになってくるのである。

先に見たように，子どもたちがやがて参入し生活する実社会は，家族のような情愛に基づく第1次集団ではない。一定の目的によって組織さ

れ，違反には現実の社会的制裁が加えられる明確な第2次集団である。家族の庇護のもとにあった子どもたちが，直接実社会に投げ出された場合のストレスも不適応状況も想像するにあまりある[2]。

学校は，子どもたちを最終的に生活の実践の場である社会に送り出すための体系的な教育プロセスの重要な部分を構成している。その中で，家族は初期化集団としての，また学校は橋渡し集団としての役割を担っているのである。

## 2. 学校というシステム

### (1) 学校の意味

ここまで見てきたように，学校は拡大する社会化の場の中でもとりわけ重要な意味と位置を持っている集団であり制度だということができる。ここでその学校について，社会的意味と制度，そして機能について詳しく見ていくことにしよう。

そもそも学校とはいかなるものなのだろうか。日本の法規範では，「教育基本法」でも「学校教育法」でも学校の語義を定めてはいない。ただ，「学校とは，幼稚園，小学校，中学校……とする（「学校教育法」第1条）」というように，名称を挙げて法の適応範囲を示しているに過ぎない。1872年（明治5年）公布の「学制」でも，たとえば小学校について「小学校ハ教育ノ初級ニシテ人民一般必ス学ハスンハアルヘカラサルモノトス」とあるだけである。しかし，学校の社会的意義や機能に関する議論では，語義を定めておくことが便利だと思われるため，ここで

---

[2] 第二次大戦直後から昭和30年代初頭にかけて，日本の若年自殺率はハンガリーとともに世界でも最も高い水準にあった。その背景には，多くの少年少女が中学卒業後，家族労働中心の農業ではなく，近代大工場制の職場に直接入っていくようになったという状況があったと考えられる。それが昭和40年代までに激減したのは，高校進学率が世界に例を見ない勢いで伸びたことがその一因と言われている。青少年が職業生活に入るまでの3年間を学校教育の中に取り込むことが，彼らのその後の適応を助け，ストレスを軽減したことは想像に難くない。

その意味を経験的に示しておくことにしよう。すなわち，学校とは，「一定の施設・設備と教職員を有し，子どもあるいは成人を対象として意図的で定型的かつ計画的な社会化を組織的に行う機関」と定義付けられるような社会的組織，集団を指す概念である[3]。

　公的機関としての学校は，先に見たクーリーらの集団類型で言うならば，基本的に第2次集団である。つまり，現実にどのような機能を果たすかとは別に，その制度としての出自から見るならば，先の定義でも見たように，ある特定の目的を持って，人為的に形作られた集団だということである。その学校がどのような目的と背景のもとにわれわれの社会に登場してきたのかをまとめておこう。学校の出現には，文化の多様化とそれと表裏一体となった文字の出現という二つの事柄が強く関わっていると考えられる。まず，生産性の向上や産業の多様化により進んだ文化の多様化は，伝達や記録の必要性を生み，もう一方の要素である文字の出現を促した。また，考案された文字が独自の進化を遂げる中で，文化をさらに豊かで多様なものへと変えていくという相互作用も生じたのである。こうした文字を自由に使いこなす技能や能力は，構造が複雑化した社会を運営する支配階級にとっていわば最強の武器の一つともなったが，それを広く社会各層に伝播させ，共有してしまうことは，特権の著しい後退につながってしまう危険性があった。それを防ぐため，支配的な特権階級がその子弟の独占的な教育機会を通して，できる限りその技能を階級内部に留保しておこうと努めたのは，きわめて自然なことであったと言える。古代社会，中世社会を通じ，近代以前の学校制度は，本来，そうした特権階級の再生産のための文字文化とそれを使用する技術の排他的な伝承を基礎においた組織だったと考えられるのである。

---

　3）ここでの学校の定義は，日本教育社会学会編『教育社会学辞典』(2018年)，今野喜清・新井郁男・児島邦宏編『新版学校教育辞典』(2003年)，安彦忠彦他編『新版現代学校教育大事典』(2002年) による定義を基に構成したものである。

## （２）近代学校制度の起源

　学校は，非常に長い間，支配的な特権階級を再生産するための社会的制度として存続し機能してきた。ヨーロッパでもアラビア諸国でも，あるいは中国や日本などの東アジア諸国でも，古代から中世を通じて，学校にはそのような中心的な役割が課せられていたのである。しかし，近世近代の農業革命，産業革命そして市民革命という大きな変革期を経て近代市民社会が成立すると，学校をめぐる状況も大きく変化してきた。それによって近代的な意味での学校制度も成立することとなったのであるが，その成立の背景には，大きな三つの要素があったと考えられる。

　その第一は，庶民のための学校教育の必要性である。生産が多様化し高度化した近代社会では，全く学校教育を受けずに生産活動に従事することは非常に困難であった。また，消費活動に関しても，近代社会における一人前の自立した購買者となるための基本的なスキル（技術・技能）は必須であった。それを前提としなければ，そもそも活発な市場経済そのものが成立しなかったからである。簡単な読み書きや計算などの汎用性のある基本的なスキルは，個別に訓練するよりも幼少の一定期間に集中的に教育するほうがより効果的であることが次第に明らかになってきた。そうした，近代市民社会に必須の職業的スキルや生活上のスキルの涵養が何よりも求められたのである。近代市民社会の初期にあっては，庶民の子女に対するそうした教育を提供する大衆教育機関が，洋の東西を問わず広く活動していたことが知られている。

　第二の要素は，先に見た特権階級再生産のための学校である。近代市民社会にあっても，そうした学校はエリートの養成機関として存続していた。官僚制的な行政機構が支配的となっても，全体社会に関わるような意思決定に関しては十分な能力の保証されたエリートが必要とされたのであり，そのための養成機関である大学等として存続していたのであ

る。

　第三の要素は，国民教育の必要性である。近代市民社会の成立は，同時に，共通の言語が話され，度量衡が統一され，同一の通貨が流通し，財物の価格が一定程度均等化された同一民族（擬制も含む）からなる国民国家（nation state）が誕生することでもあった。そこに住む国民は，ただ単にそこに居住するというだけではなく，一定の「国民としての態度と行動」を求められるようになった。詳細は後段第10章にゆずるが，その態度と行動には共通言語の自由な使用，生産活動のための時間の遵守，労働上の義務や責任の理解，通貨の使用法と計算方法，基本的規範の遵守，納税や兵役などの国民的義務の理解，そして家庭を運営する基本的な能力などが含まれる。前近代的な地域共同体であれば，子どもたちが日常的な活動を通じてその構成員としての資質を獲得することはそれほど困難ではなかったと思われるが，国民国家の規模は共同体に比して格段に大きく，そのシステムも非常に複雑で，求められる国民の資質も多様なものとなった。そこで，子どもたちの国民化を目的とした公教育としての学校教育が求められることとなったのである。

## （3）初等教育の特性

　ここで，現在の学校体系のうち，子どもたちが最初に出会う社会化の場である初等教育の特性について，簡単にまとめておくことにしよう。

　まず第一に，三段階の学校体系，すなわち初等教育，中等教育，高等教育のうちの，最初の部分に位置するということが重要である。その位置付けから，以下のさまざまな属性が生じているといっても言い過ぎには当たらないだろう。ついで，第二の特性は，初等以降のより上位の教育段階の基盤となる基礎教育機関であるということである。このことは，単に内容のやさしさ，学びやすさのみを言うのではなく，言語や数

的理解の基礎，簡単なレトリック，観察法，推理法，表現法，情報収集能力など，すべてのより高度な学習の土台となる内容をこの時期に身に付けるということを意味しているのである。第三に，特定の分野に特化しない普遍的な教育機関であるという特性を挙げなければならないだろう。将来的に職業分化するにしても，この段階の子どもたちにはあらゆる可能性が"開かれて"いると考えられるからである。この意味では，初等教育は基礎的な「普通教育」にも分類される。第四の特性としては，国民教育の最重要機関であり，通常，義務として無償で提供されることが挙げられる。国民教育としての初等教育は，放置すれば一人前の国民にならないばかりか非常に危険な存在ともなりかねない子どもたちを，国家の維持と発展のための有為な人材に変えていくという意味で，国防にも匹敵する重要課題だということができるのである。最後に，前節で社会化の場としての学校の持つ橋渡しの役割について述べた際にも触れたことであるが，より上位の教育段階と比較して「家族的」要素が強いという特性も挙げておくべきであろう。担任の教師の子どもたちに対する態度，学級会，ホームルーム等での意思決定の仕方，規則（校則）のあり方など，次に続く中等段階と比較した場合，明らかに家族に近い特性を持っていると言える。そうした特性を持つことで，初等教育は，子どもたちを家族から引き離し，中等段階に引き渡していくという本質的で重要な役割をより確実に遂行しうるのである。

## 3．学校教育の基本的な機能

### （1）学校教育の三機能

　ここで，学校教育がシステムとして持っている主要な機能について見ていこう。近代になって成立した国民教育としての学校教育には，どの

ような社会であっても必ず有している主要な機能がある。アメリカの社会学者ホッパー（Earl Hopper）は，それを次のような三機能にまとめている[4]。その第一は，これまで何度も見てきた社会化である。文字通り，学校の最も重要な顕在的存在理由がこれである。次いで二番目に挙げられているのが選別（allocation）である。この選別という用語には，若干の説明が必要であろう。一般に言われる選抜（selection）ではなく，ホッパーは選別と表現している。というのも，選抜は多くの子どもたちの中から一定の水準以上の優れた子どもを選び出し，その他大勢と区別する，というイメージを持った概念であるが，それに対して選別はすべての対象を何らかの選ぶ基準に従ってそれぞれその適合する階層や職業層に配分，配置していくという概念である。彼は，すべての子どもたちに関わる機能という意味で，選抜ではなく選別という用語を用いたのである。最後は正当化（legitimation）である。学校における社会化の内容や方法，つまり教育内容（教科書も含む）や教育の方法，教師の資質，学歴や学位の水準，そして学校体系そのものの正しさを保証して正当性を認定する機能である。この三つの機能について，以下，それぞれ具体的に見ていくことにしよう。

### （2）社会化の機能

社会化については，それが学校教育システムの唯一絶対の機能だと考えられることが多いと思われるが，そうした思い込みはこの機能が学校教育に本来的に備わった主要なものだということの証でもある。社会化機能の具体的な内容は，まず社会的存在である人間として，ついで近代社会の市民として，さらにその子どもの属する国家の国民として脱落・逸脱せずに生活するために最低限必要な技能，知識，規範を，それぞれの子どもたちに過不足なく内面化することである。基本的な自己管理能

---

[4] Earl Hopper, "Educational Systems and Selected Consequences of Patterns of Mobility and Non-mobility in Industrial Societies".

力，コミュニケーション能力や環境理解力，状況判断力など基礎能力の陶治(とうや)，従来は家族が担っていたパーソナリティ（人格）形成機能の代替，そして一般市民が自己責任で参加するようになった社会で求められるシステム理解力の涵養，市民としての権利義務の理解，などがその内容である。中心となるのはもちろん教科指導，いわゆる「授業」であるが，学校教育にはそれ以外にも欠かせない指導が随所に見られる。日本の学校では，清掃や給食の時間も教科指導に劣らず重要な社会化の要素である。実は，いわゆる「掃除当番」をさせる学校は世界的に見てもそれほど多くない。欧米の学校では，そうした作業は一般に清掃職員の仕事となっていることが多いのである。また，日本の小中学校における給食指導も，一般に，食事のマナーや集団で食事をすることの意味などを理解し，あわせて連帯意識をも育てるという，非常に目標の多い指導機会だということができる。要するに，教科指導や生活指導など，学校で「指導」と呼ばれるほとんどすべての教育機会がこの機能に含まれるということになる。

　もっとも，社会化は，先生が教材を示しながら口頭や板書で説明したことがそのまま子どもたちに伝わる，あるいは，力を出し合って毎日掃除をしているうちに協力の大切さを知る，というように，意図した目標がそのまま達成されるといった単純なものばかりではない。そうした目的通りの達成が期待される社会化は，顕在的社会化と呼ばれるが，一方で，場合によってはそれ以上に強い影響力を持った潜在的社会化も行われる。それに関わっているのが，隠れたカリキュラム（hidden curriculum）や学校文化（school culture），生徒文化（student culture）と言われるものである。隠れたカリキュラムというのは，学校や教師の側の公式の意図とは別に，結果として機能してしまう潜在的な社会化の仕組みを指す。たとえば，公式には「能力は個性」といった平等観を示しなが

ら，成績の向上を奨励することで能力差を人間的価値の差とする見方を植え付けたり，男女平等の建前の一方で，名簿の並び順や校内の委員・役職に男性優位のメッセージが隠されていたりといったことの中に，そうした潜在的カリキュラムを見ることができる。また，授業の場での教師によるラベリング，すなわち個々の児童生徒の能力に対する予見的な思い込み（たとえば女子だから理数系が弱いといった）も，学業達成の結果に大きな影響を与えうる潜在的な要素である。さらに，幼稚園，小学校では女性教員が非常に多いにもかかわらず，中学になると男女ほぼ同数となり，高校では男性優位，高等教育段階では大半が男性，という現在の日本における教員の性別構成自体が，それに日常的に接している子どもたちに，「教える内容がやさしければ女性が担当し，難しくなるにしたがって男性が主体となる……つまり，男性のほうが能力的に優れている」という偏ったイメージを植え付ける契機になってしまうといったこともあろう。

　一方，学校生活に関する事柄であっても，生活態度，人間関係，日常的コミュニケーション等といった教科以外の部分については，友だち集団の内部で社会化される場合が圧倒的に多いが，そうした友だち集団の文化は，学校全体の公式の教育理念とは一線を画した内容を持つため，特に生徒文化と呼ばれている。まったく同じカリキュラムに沿って教育されている近接する公立中学校同士でも，学校によって雰囲気が全く異なる，あるいはクラスによって空気が全く違うなどという現象の中に，そうした文化の強い影響を見ることができるのである。

### （3）選別の機能

　次に選別の機能を見よう。その内容は，社会化の達成水準を評価し，その結果に応じて社会の各階層に教育の対象者（つまり子どもたち）を

配分，配置するということである。より具体的には，子どもたちを何らかの基準で選考して区分し，それぞれに想定される将来の職業の必要能力を獲得させた上で，その達成水準に応じた職業各層に彼らを配分する機能だと考えればよい。その機能には，何らかの基準による選考結果に基づいた各種専門的職能の養成，達成結果の評価，および育成した人材の適所への配分，といったものが含まれる。選別の機能が最もはっきりと見えるのは，やはり大学入試や高校入試など，進路に直接関わる決定的な場面であろう。ただし，選別は入学試験などの場合だけに限られた機能ではない。実は，定期試験，日々の小テストの結果発表，教師の何気ない評価の言葉等々の中に，日常的に選抜の機能は組み込まれているのである。こうした機能を，学校以外の，たとえば民間のテスト機関のような組織の単発の試験に任せずに，社会化をする当事者である学校が一定の幅を持った期間でじっくりと果たしていくところに，大衆化の進んだ現代社会の大きな特徴があると見ることができる。日本社会はその傾向が特に強い社会だと言ってよいだろう。

（4）正当化の機能

最後の正当化は，ある意味で最も重要な学校教育の機能だと言うこともできる。その内容は，帰属する国家を正当な存在と意識させ，その国家のもとに統合を図り，さらに学校教育による社会化の内容と方法，あるいは選別の方法と結果を正しいものとして保証する機能，というものである。その機能を持つことで，公教育としての学校教育は，国家の持つ文化（言語，歴史，習慣，行動様式，宗教等々）と社会システムの正当化を目指すことができるのである。一見，こうした機能は学校教育には本来的に備わっていないもののように思えるが，社会制度としての学校の働きとしては，実はこれが最も重要な機能だと考えることもできる

のである。

　ここまで家族から実社会への社会化の場としての橋渡しの役割を果たす学校の機能について詳しく見てきた。こうした学校の機能があるからこそ，多種多様な家族的背景を持った子どもたちであっても，集団性を大きく損なうことなく，また，集団特性の大きな違いにも不適応を起こすことなく，ごく自然に社会化の場を移行していくことができると考えられるのである。

## 参考文献

稲垣恭子編『子ども・学校・社会—教育と文化の社会学』(世界思想社, 2006年)
苅谷剛彦『学校って何だろう—教育の社会学入門』(ちくま文庫, 2005年)
木村元『学校の戦後史』(岩波書店, 2015年)
日本教育社会学会編『教育社会学事典』(丸善出版, 2018年)
広田照幸『教育』(岩波書店, 2004年)
Earl Hopper, "Educational Systems and Selected Consequences of Patterns of Mobility and Non-mobility in Industrial Societies", Richard Brown ed., *Knowledge, Education and Cultural Change.* (Harper & Row, 1974)

## 研究課題

① 高等学校全入がほぼ達成され,授業料無償化も進んだため,日本では6歳から18歳までの12年間が実質的に義務教育化したと言われる。それを踏まえ,義務教育期間長期化の社会的な影響と意味を具体的に考えてみよう。

② 能力や進度に応じたグループ別やクラス別の学習と,通常の学級内での一斉授業について,それぞれの得失(有利な点と問題点)を考えてみよう。

③ 学校教育の持つ正当化の機能はどのような状況の中に見出すことができるか,初等段階について具体的に挙げてみよう。

# 6 | 中等教育 —統合と分化—

　小学校の6年間を修了した子どもたちは，制度的に定められた義務教育の最後の3年間である中学校へと進学する。その中学校とその先の高等学校を併せた6年間の教育を，一般に中等教育と呼んでいる。家族の延長線上にあって，友愛で動機付けられ慣習で統制されることの多かった初等教育の時期とは異なり，役割や将来の達成期待によって動機付けられ，校則のように明文化されたルールによって統制される場へと環境が大きく変化する。そうした社会化プロセスから見ても，心身の発達段階という視点から見ても，また将来に予測される社会的諸階層への分化という観点から考えても，中等教育はあらゆる意味で「分岐点」というにふさわしい。

中学生の通学風景。中等教育を受ける12歳から18歳までの時期は，あらゆる意味で子どもと成人の分岐点である。　　　©共同通信社／ユニフォトプレス

**《キーワード》** 中等教育，ポスト初等教育，プレ高等教育，統合，分化，warming-up, cooling-out, 不適応, 中一ギャップ，スクールカウンセラー，養護教諭

## 1. 中等教育の起源と原理

### （1）初等教育と高等教育の歴史的背景

　学校体系の系統図の中で，初等教育と高等教育との間に挟まれている6年間が中等教育である。日本の場合，具体的には，中学校と高等学校，6年制の中等教育学校，それに高等専門学校の前半部分，特別支援学校の中等部，高等部などがこれに含まれる。中等教育はきわめて身近で日常的存在であるため，多くの人々がその基本的な意味や成り立ちをあらためて問題とするまでもなく，ごく自然に初等教育と高等教育との間に位置する中程度の教育段階，あるいは初等から高等への移行のための教育機関であると考えがちである。たしかに，中等教育には中間的な教育機関という規定がそのまま当てはまるように思える。つまり，長い教育期間を便宜的に前期，中期，後期と分けた場合の中央部分という規定である。

　しかし，歴史的な視点から見るならば，中等教育には必ずしもそのように単純かつ機械的には規定できない側面があることに気づく。その起源を遡って見るに先立ち，中等教育に先行する初等教育，高等教育の歴史を瞥見しておこう。現在中等教育の前に置かれている初等教育機関の起源は，庶民層の子女に対して基礎的な共同体での生活上の知識技能や，「分をわきまえる」ことを身に付けさせるために設けられた教育機関であった。したがって，そこで一通りの生活上の基礎能力を身に付ければ，その後により高度な学問段階に進むことは想定されていなかったのである。そうした機関の例としては，日本の寺子屋や英国における慈善学校，日曜学校，コモン・デイ・スクール[1]などを挙げることができるだろう。一方，高等教育の出自は，支配階級またはその周辺に位置する官僚層やエリート層，聖職者などを再生産するための威信のある体系

的な教育機関に求めることができる。日本では幕藩体制下の藩校がそれに当たるし，西欧諸国では中世以来の大学がまさしくそのための機関であった。支配層やその周辺階層に属する子弟（前近代にあっては男性のみが対象であった）は，家族や家庭教師等による個別の教育機会のなかで基礎教養を身に付けた後，直接そうした教育機関で学ぶのが一般的だったのである。つまり，初等教育機関と高等教育機関とは，その目的や社会的意味，あるいは対象とする人々も異なり，本来的に連続性のない組織として形成されてきた教育機関だったのであり，当初，それらの中間に中等教育機関が形作られる必然性はなかったのである。

### （2）中等教育の後発性

　初等教育，高等教育の諸機関の整備に比べ，中等教育機関がその両者をつなぐものとして体系化された歴史は格段に浅く，近代社会が成立した後，つまり市民革命および産業革命を体験した後になってのことである。そこで体系化された中等教育機関は大きく見て二つの相異なる起源を持っていた。その一つは，初等教育機関で提供されていた普通教育（庶民教育，大衆教育）の後に，職業的技術的専門教育を目的として設置された，いわば「ポスト初等教育」とも言うべき中等教育であり，もう一つは大学教育の準備段階として形成された，いわば「プレ高等教育」としての中等教育である。

　前者は，市民社会における産業技術の高度化，コミュニケーション形態の複雑化，貨幣経済の発達などにより，日常生活で求められる技能の水準が上昇してきたことを背景として要請されるようになった教育期間

---

1) 慈善学校 (charity school) は，17世紀末にキリスト教知識普及協会が都市の貧民児童のために設けた12歳までの学校で，産業革命の進展で児童労働が一般化するにつれて日曜学校 (Sunday school) にその役割を譲った。一方，コモン・デイ・スクール (common day school) は，僅かながら授業料を徴収する私設の学校で，劣悪な学習環境ながら，大都市に多く設置されていた。文豪ディケンズ (Charles Dickens) の『デビッド・カパフィールド』（1850年）や『大いなる遺産』（1861年）にもその様子が活写されている。

の延長であった。また，後者は，科学の進歩にともなう教育内容の高度化や学問分野の細分化，古典教養から専門的職業的教育訓練への重心の移動などにともなって求められるようになった予備的教育であった。明治以来の日本でも，尋常小学校の上部に高等小学校や種々の実業学校がつくられ，次第に多くの庶民階層の子女がそうした教育を受けるようになったり，帝国大学や専門学校の教育のための予備的な機関として高等学校や中学校（いずれも旧制）あるいは高等女学校が設けられて，大学や専門学校等を目指す上層・中産階級の子女がそこでの教育を受けるようになったりした状況の中に，そうした中等教育機関の発展を見ることができるのである。

### (3) 中等教育機関の二系統性

明治以降，日本の学校教育体制のモデルとなったのは，言うまでもなく西欧社会で発展した教育システムであった。当時，市民革命と産業革命をいち早く経験し，近代化を押し進めていた西欧社会では，そのようなポスト初等教育とプレ高等教育という二つのタイプの教育機関が，互いに異質で不連続な機関としてそれぞれ独自に発展を遂げていた。そのように別個の起源を有することが，その後の中等教育のアンビバレントな性格の基本的な要因となっていたのである。たとえば，イギリスのモダンスクールとパブリックスクール，ドイツのハウプトシューレとギムナジウム，そしてフランスの職業リセとリセ，といった並存の中に，現在でもその二系統の流れを見ることができる[2]。第二次大戦後，各国でその二つの系統は統合され，制度的には同レベルの学校段階に属するものと見なされるようになるが，その実質的な異質性はさまざまな形で現在まで残存している。

このような二面性は，近代的な教育システムを先進的に整備していっ

---

2) 文部科学省『教育指標の国際比較』（平成30年版）を参照。いずれの国の場合も，前がポスト初等教育起源，後がプレ高等教育起源である。

た西欧諸国でとりわけ強く残っている。それに対して，アメリカのように後れて近代化を開始した社会では，初めから中等教育全体を統合的なシステムとして創設したため，その異質性は少なくとも形式上はほとんど見ることができなくなっている。また，戦後そのアメリカの教育制度を導入して戦前のシステムを大幅に変更した日本にあっても，後期中等教育の各機関は制度的に全く同等で層別化していない統合的なものとなっている。しかし，輪切り選抜や普通科高校と専門高校との実質的な差異といった実際上の格差構造が潜在的にではあれ厳然として存在し続けていることも事実である。

## 2. 統合と分化

### （1）拮抗する二つの原理

基本的に二つの起源を持つ中等教育機関は，そのことによって現在でも必然的に二つの原理を併せ持つ存在となっている。次にそれを見ていくことにしよう。

第二次大戦後，アメリカの強力な影響下に再編されたわが国の中等教

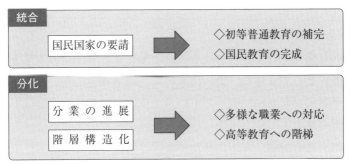

図6-1　中等教育において対立する二つの原理

育は，一様に初等教育から続く市民教育の発展形態としての国民教育の完成期と位置付けられた。そのため，後で見るようないわゆる「単線型」の教育体系が原則とされた。つまり，すべての初等教育修了者を同等に受け入れ，かつ中等教育の修了資格は高等教育機関によってすべて同等なものと認定されるということである。単線型の教育体系の中の中等教育は，「統合」をキーワードとしている。ほとんどすべての社会の初等教育で完了すると考えられていた国民教育が，社会構造の複雑化や技術の進歩を背景として，教育期間の延長を要請されるようになった結果，中等教育段階でも国民としての統合を目指す教育が求められるようになったのである。

一方，戦後日本の中等教育機関には，中等教育卒業後の進路のための実質的な準備教育という機能も期待されていた。さらに，産業の高度化と市場経済の発展とによって分業化が進み，階層構造も複雑になったことで，多様化の一途をたどる修了後の進路に応じた教育内容を広範に用意する必要が生じたのである。場合によっては中等教育機関の内部で，卒業を待たずに生徒たちを振り分けるといった作業も社会から要請されることになった。つまり，そこでは「分化」あるいは「選別」も実質的な機能として重要視されることになったということである。

### （2）統合と分化のイメージ

中等教育機関では，このような統合と分化という二つの本来矛盾する目的を前提として受容し，その両者の対立が表面化しないようにいかに併存させ調和させるかに腐心している。実際，中等教育機関は，たとえ教科教育の場であっても単なる知識の伝達や技能の訓練だけにとどまらず，その二者の調和，あるいは初等教育から続く統合中心の体制をいかにスムーズに分化の方向へとシフトさせていくかを最重要課題として運

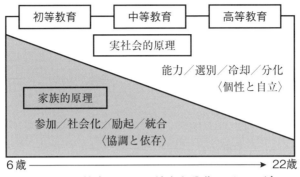

図6-2 教育における統合と分化のイメージ

営されてきたのである。

　ところで，教育による統合を十全に達成するためには，子どもたち一人一人が自分から進んで学校教育にコミットする意欲を持ち，積極的に学校での学習や行事の場に参加するよう動機付けていく必要がある。彼らに高い評価を与え，励まし，場合によってはおだてて将来への期待水準を高めることで積極的かつ主体的な参加を促すということである。こうした学校の機能は warming-up（ウォーミングアップ：励起，加熱）と呼ばれている[3]。また一方，教育による分化をスムーズに進めていくためには，励起によって過剰に高められた子どもたちの野心を適正な水準まで引き下げ，齟齬なくそれぞれの達成度に応じた進路へと方向づけていかなければならない。このような学校の機能を cooling-out（クーリングアウト：冷却）と呼ぶ[4]。実際の学校教育のなかでは，warming-up と cooling-out という，場合によっては相矛盾する基本的な機能が，常に調和を保ちながら遂行されていると考えられるのである。

　図6-2に示されたように，初等教育から中等教育，高等教育と経る

---

[3] 次項に挙げた cooling-out の対概念で，定訳は未だないが，加熱，励起などと訳されることが多い。

[4] クラーク（Burton Robert Clark）が，社会学者のゴフマン（Erving Goffman）の概念を援用しつつ示した概念で，学習者の過剰な野心（成功期待）を鎮めるという意味から冷却と訳されている。warming-up および cooling-out については，竹内洋『競争の社会学：学歴と昇進』（1981年）に詳しい。

中で，はじめ優勢だった統合の機能も，徐々に分化の機能へと取って代わられる。主として統合を目指す warming-up 中心の初等段階では，成績による序列よりも，学級のメンバーが協調し相互に依存しつつ一緒に社会化していくという家族的原理が優勢であるのに対し，分化が進む後期中等から高等にかけての段階では，個性と個別の将来像が重視され，選別のために成績等の能力指標が明らかになって試験の重要度が増し，過熱した野心を cooling-out するメカニズム（進路相談，模擬試験，受験情報メディアなど）も随所で機能する実社会的原理が優勢になってくる。

　もちろん，すべての子どもたちが図に示したように直線的な移行を果たしていくわけではない。早い時期に実社会的な社会化レベルまで達してしまう子どももいれば，場合によってはいつまでも家族的な対応を必要とする子どももいる。前者のような場合は，メディアや書物，学校外の教育施設等による対応が有効であるが，後者の場合は，さまざまな形態の不適応状況が生じる可能性もある。そこにこそ，生徒指導という日本の学校特有の教育機能の存在意義があると考えることもできる[5]。

## (3) さまざまな学校体系

　中等教育段階で見られるそうした統合から分化への移行には，社会によってさまざまな形態がありうる。特に中等教育段階での進路分化がどのようであるかによって，類型に大きな違いが出てくる。概念的には，図6-3に示したように四種の類型が考えられるだろう。

　図中の①のように初等段階ですでに進路分けがなされ，分化が始まって，中途での入れ替え機会がないかまたは非常に乏しい学校体系は複線

---

[5] 1980年代に始まり，何度もシリーズを続けた人気番組「金八先生」の基本的なコンセプトは，日本の教師が平均的な社会化レベルの子どものみを相手にして，それよりも社会化の度合いが遅れた子どもを放置しているという現状に対する問題提起だったと考えられる。当時学力による選別をしつつ建前としての統合を説くという矛盾した日本の中学校教育に対し，個性重視というアンチテーゼを（現実的か否かを度外視して）提示したことが時代的な意義だったと言えるだろう。

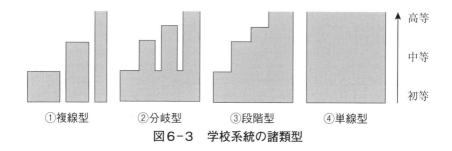

図6-3　学校系統の諸類型

型と呼ばれる。その反対に，④のように初等段階から高等段階までどの時点まででも自分の意思で自由に期間を設定でき，袋小路の行き止まりの全くないようなシステムを単線型と呼んでいる。ただし，完全な形の複線型や単線型は，現実にはほとんど見ることができない。実際には，②のように一定の段階から複線化する分岐型か，あるいは③のように完全に平等ではないものの，どの時点でも横方向への移動が比較的自由な段階型のどちらかに分類される。戦前・戦中は分岐型であった日本の学校体系は，戦後の教育制度改革以来，GHQの指導原理に基づき，単線型を理念的な原則としてきた。しかし，現実には③の段階型が最も近い形態になっていると言える。

## （4）現代日本の中等教育における分化

　前期中等教育，つまり中学校では，比較的統合的な教育が目指され，そのために励起的な性格が強く見られるが，後期中等教育（高校）への進学が子どもたちの視野に入るころを契機として，一気に分化的・選別的な要素が強まっていく。日本の場合，高校ごとの制度的地位は全く同一であるが，実際には学力別の階層構造がはっきりとしており，卒業後の進路も高校ごとに層化して分化が顕在化する傾向が非常に強い（図6-4）。

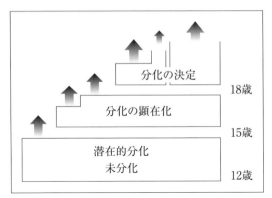

**図6-4　現代日本の中等教育における分化イメージ**

　こうした分化の明確化は，日本の中等教育だけに見られることではない。むしろ，欧米諸国では習熟度別・能力別・進路別に生徒をグループ分けすることが広く行われてきた。その一つがバンディング（banding）である。バンディングは主に英国の中等教育で能力別の集団分けをする際にとられる方法の一類型で，バンドとは本来，言語能力や数学的能力といった一般能力（general ability）を基準として生徒を分けた場合の各区分集団を指す概念である。通常，まず一般能力によって生徒を大まかな2，3のバンドに分け，ついで各バンド内の生徒を教科ごとの習熟度でさらに分別するという二段階の方法がとられることが多い。同様に生徒を分別する方法にストリーミング（streaming）やセッティング（setting）があるが，前者はバンディングと同じ一般能力で分けられたストリームですべての教科が教授される点で，後者は一般能力を用いず教科ごとの習熟度・達成度を基準とする点で，それぞれバンディングとは異なっている。

　一方，米国の総合制高校（普通課程と職業課程を分化させず科目選択制と単位制を基礎として広範に科目履修できるような高校）では，トラ

ッキング（tracking）が広く見られる。選択する科目や興味によって生徒を分け，同質的な学級を構成するというものだが，実際には成績や大学進学か就職かといった進路希望によって分かれてしまう場合が圧倒的に多く，実質的な能力別編成になっていることが指摘されている。むしろ達成の度合を表に出さないことで差異を隠蔽してしまう弊害も指摘されている。

　日本の場合，公立の中学校では能力別編成がこれまでほとんど行われてこなかったものの，高等学校のいわゆる「輪切り選別」は，学力を基準とした非常に大規模なグループ分けと見なすことができるし，私立学校ではむしろはっきりとした能力別編成をするところも多い。近年，そうしたグループ分けをかたくなに拒んでいた公立学校でも，教科によっては理解度の差違に応じた習熟度別指導を実施するところが多くなっている。そうした実践に対しては，児童生徒本人や保護者の評価も悪くないことが指摘されている一方で，明確な効果はない，といった研究報告もなされ，現在も論争が続いている。「平等神話」とも言うべき虚構の時代はすでに過去のものとなった。他の社会の例も冷静に検討しつつ，効果的で子どもたちの達成にとって最も適切な，現在の日本社会にふさわしい学級編成が真摯に模索されるべき段階に来ていると言えるだろう。

## 3．統合と分化をめぐる葛藤

### （1）子どもたちの葛藤

　中等教育における統合と分化の二面性は，そこに在籍する生徒たちにも多大の影響を及ぼさずにはおかない。中等教育の6年間の間に，統合と分化に対応した調和的段階的な社会化が行われるよう，カリキュラム

**図6-5 学年別不登校児童生徒数（2016年度）**
（文部科学省『児童生徒の問題行動等生徒指導上の諸問題に関する調査（2016年度版）』より）

や課外活動等が工夫されてはいるが，12歳から18歳という年齢段階が思春期，そして第二次性徴期と重なっていることもあり，学校生活上何らかの不適応を体験する生徒は決して少なくない。享楽的なメディア，ウェブサイト，逸脱集団との関わりなど，学校外からの働きかけも常に存在している。子どもたちは，学校が示す建前としての統合尊重の姿勢と，より現実的に見た分化的・選別的な実社会との間で懐疑的になり，葛藤し，悩み，場合によっては逸脱的な行動を選択することにもなる。

その顕著な表れが，小学校から中学校への移行期に見られる「中一ギャップ」という現象である[6]。中一ギャップは，統合的な仲間集団である小学校の学級集団から，規範の明確な実社会の要素を持った中学校へと移行する際に生じる，子どもたちのさまざまな問題状況を総合的に指

---

[6]「中一ギャップ」は，1980年頃，新潟県の教育委員会が使い始めた言葉で，状況を的確に言い表していると考えられて，またたく間に全国の教育関係者の間で使われるようになった。類似の問題に「小一プロブレム」がある。

す表現である。その根底には，新たな統合的集団への参入と，分化的要素が格段に増える環境の激変によって子どもたちに生じる大きなストレスがあると言われている。現象的には，図6-5に示したような不登校の状況によく表れている。不登校が中学1年生で急激に増加していることを見てとれるだろう。

### （2）中等教育における指導の三つの柱

そうした問題の可能性を構造的に抱える中等教育機関では，学習指導（教科指導）だけでなく，進路指導あるいは生徒指導（生活指導）も，同等に重要な柱として重視している。それらの一般的な内容は次のようなものである。まず，学習指導（教科指導）は，文字通り各教科の内容に関する指導活動である。社会的には，学校の活動，とりわけ教師の活動の大半はこれに含まれると思われているが，実際の活動時間はそうした想定よりもはるかに少なく，他の指導に充てる時間によって制約を受けているのが実情である[7]。次に進路指導である。進路指導は，生徒の進学や就職について指導や助言を行い，それによって卒業後の進路決定を助ける活動である。最後が生徒指導（生活指導）であり，生徒の日常生活について指導や助言を行い，それによって人格形成を助けることを目的とした活動とされている。ただし，逸脱的行為を防止し抑制するための校内外での監視活動や，生徒に規範的な生活をさせるための統制活動に時間が割かれている学校も少なくないのが現実である。

### （3）新たな取り組み

最近の傾向として，場合によって深刻化しがちなそうした葛藤状況に対応することを目的に，各都道府県でさまざまな方策が試みられるようになっている。中等教育段階で見られる葛藤状況の基礎には，多くの場

---

[7] 第8章でも見るように，OECDの国際的な調査によると，日本の教師は職務に費やす時間が最も多い反面，学習指導の時間は最も短い。

合学力遅滞の問題があるため，学力の底上げを目指すさまざまな方策がとられているのである。たとえば，土曜日に補習を行う学校が各地で増加傾向にある。その補習を，外部の塾講師を呼び，有料で実施する公立中学校もある（東京都杉並区など）。主要科目，特に数学で習熟度別コースを設置する学校も少なくない。あるいは，中一ギャップへの前段階での対処を目指して，小学校に中学校のような教科担任制を部分的に取り入れる地域も出てきた。小中一貫校，中高一貫校の設置も各地で相次いでいる。

　また，悩み事や精神的な不安定状況に対応するスクールカウンセラーの配置も全国で２万２千校あまりにのぼり，そのうち約１万校は中等教育レベルの学校である（文科省，2015年）。まだ，その効果に関しては十分に認識されていないところもあるが，着実に整備の方向に向かっていることは事実である。また，児童生徒に関わる諸情報を整理統合した上で，その評価を行い，学校教職員と協働して子どもたちのおかれた環境への働きかけを行うスクールソーシャルワーカーも2008年より全国の学校に配置されるようになった（2015年には2,247校）。一方，学校によっては，保健室がそうした生徒たちの不適応状況に対応する場となり，養護教諭がカウンセラーに近い役割を担わされているというケースも決して少なくない（保健室登校）。ただ，一般にスクールカウンセラーや養護教諭は，引きこもりや不登校などの精神面に起因する個々人の問題には有効に機能することが多くの調査で示されているものの，非行や暴力，授業妨害などの，場合によっては集団化する行為には十分対応しきれないという限界も持っている。そのような場合，当然のことながらクラス担任の働きかけの余地が大きいと思われ，担任の教員とクラス集団が関わることで，集団としての有効な対応が可能となる場合が多いことも事実である。

いずれにせよ，現実には，このように中等教育機関でのさまざまな分岐点に差しかかった生徒たちが，多くの場合，クラス担任の教師やカウンセラー，ソーシャルワーカー，養護教諭，友人，あるいは課外活動や行事の助けを借りつつ，基本的には統合と分化の葛藤に起因すると思われるさまざまな不適応状況を乗り越えて卒業を迎えることになるのである。

## 参考文献

伊藤美奈子『不登校―その心もようと支援の実際』（金子書房，2009年）
海野道郎・片瀬一男編『〈失われた時代〉の高校生の意識』（有斐閣，2008年）
吉川徹『学歴分断社会』（ちくま新書，2009年）
B. Clark, "The 'Cooling-Out' Function in Higher Education", *American Journal of Sociology*, vol. 65, No. 6, 1960.
竹内洋『競争の社会学：学歴と昇進』（世界思想社，1981年）
筒井美紀『高卒就職を切り拓く』（東洋館出版社，2006年）

## 研究課題

① 日本をはじめとする各国の中等教育システムについて調べ，どのような学校種があり，それぞれどのように機能しているのかについて，歴史的な観点も含めてまとめてみよう。

② 中等教育で見られる具体的事象のそれぞれについて，統合と分化という観点からどちらの機能をどのように果たしているのかを検討してみよう。

③ 中学校教育および高校教育が現在直面している問題について，新聞報道などに注意しつつ，その背景も考察しながら整理してみよう。

# 7 | 教育臨床 ―学校教育と問題行動―

　現代の学校には，さまざまな形の逸脱現象が見られる。そのうちのあるものは収束に向かいつつあるように見えるが，あるものは未だに続いており，またあるものは再び増加の兆しを見せている。その中には，制度そのものに要因を持つ構造的な逸脱も，きわめて今日的な状況のもとでの特殊な逸脱もある。これまでにもたびたび見てきたように，学校は現代社会で正当なものと公的に認められた社会規範を内面化させ，子どもたちを現行の社会に統合するために特化した機能的機関である。その学校にあってなぜ病理現象が生じるのか，何がそれを促進させているのか，われわれはそうした状況をどう捉えどう対処するべきなのか。ここではそうした問題について体系的に考えてみたいと思う。

> 皆さんへ
> 今，誰かが私の手紙を見ている時，
> きっと，私は死んでいるでしょう。
> 　この忙しい時に御迷惑をおかけします。
> 　今まで，私を愛し，育ててくれた
> 家族。ありがとう
> 　今まで，仲良くしてくれた友達。ありがとう
> 　じいちゃん，がんばって，早く良くなってね。

いじめを苦に自殺した生徒の遺書である。場合によって陰湿化するいじめは，外部からは見えにくく，最終的に悲惨な結果を生むことにもなる。
　　　　　　　　　　　　　Ⓒ朝日新聞社／ユニフォトプレス

**《キーワード》** 教育臨床，問題行動，逸脱，暴力行為，いじめ，不登校，自殺

## 1. 教育病理から教育臨床へ

### (1) 教育臨床というアプローチ

　社会化と教育のプロセスにあっては、社会化を指向した多くの教育的な意図が、基準を十分満たした形で達成される。大半の子どもたちはその学齢ごとの発達目標に従って、満足しうる水準の社会化を達成することになる。そもそもそうでなければ、この日本の社会も含めた人間社会が、これまで継続して存在することは不可能だったはずである。

　しかし、社会化の局面ごとの個々の事例で見れば、必ずしも社会化の目標が達成できないことがしばしば生じることもまた事実である。そうした目標の不達成は社会化不全と表現することができる。実際の社会化不全の多くは、個々の子どもたちの社会環境への不適応という事象として出現することになる。かつては「教育病理」としてそのような事象を包括的に捉えることもあったが、それぞれの事象は発生の背景も道筋も異なる別個の問題であること、また「病気」という捉え方も誤解を招きがちであることから、あえて包括的に病理とせず、むしろそうした状況への対応や解決に重点を置いた「教育臨床」という概念が多く用いられるようになっている。

### (2) アートとサイエンス

　近年、目にすることの多くなった教育臨床とは、社会環境への適応不全によって生じる問題状況のうちの、教育と社会化に関わる事象を対象とし、その事象の理解と解決を目的とする研究および実践の領域を指す概念である。青少年の逸脱や問題行動について数多くの研究成果を蓄積した大村英昭によれば、教育臨床には「アートの領域」と「サイエンスの領域」とがあるという（図7-1）。

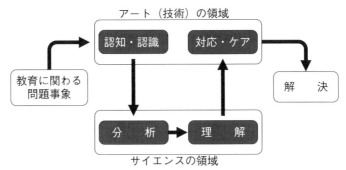

図7-1　教育問題の解決に関わる臨床的な道筋
（大村英昭・野口裕二（2000年）より作図）

　一般に，教育社会学的なアプローチは，客観的に事実を把握し，仮説を立て，それを実証的に検証する，というものであって，あくまでも最終的に問題の解決を目指す臨床的なアプローチとは相容れない部分を持っている。大村は，臨床的道筋の"とっかかり"である問題事象の認知，認識，つまり問題を見つける目の部分と，最終局面である対応とケアの部分で，それぞれアートとしてのケアの心が必要不可欠であると説いているが，途中の分析と理解の部分では，サイエンスとしての教育社会学を最大限に利用すべきであると指摘しているのである。こうした構造のため，教育臨床の社会学は，他の既存社会学分野とはかなり趣の異なる実践的要素の強い領域となっているのである。

## 2.　問題状況の諸相

### (1) 教育をめぐる問題状況
　上の図でも見たように，社会化や教育をめぐる問題状況への臨床的な道筋は，まずなによりもそうした問題状況を認識することから始まる。

表7-1　教育をめぐる問題状況の諸相

|  | 個人的次元 | 集団的次元 | 社会的次元 |
|---|---|---|---|
| 教育領域で生じる問題 | 学校不適応<br>授業妨害<br>校内暴力行為 | いじめ<br>授業不成立<br>学級崩壊等 | 教育費負担の増大<br>学力低下等 |
| 教育によって生じる問題 | 不登校<br>自殺等 | 非行集団の形成 | 学力格差の拡大<br>ニートの増加等 |

　そこで、現在の教育、とりわけ学校教育が直面するさまざまな問題状況について、その現状認識を試みようと思う。
　ただし、議論を始める前に、一つ確認をしておかなければならないことがある。それは、一般に学校現場では子どもたちが常にルールを厳密に遵守して生活しているわけではなく、むしろ彼らが実際にさまざまなルール違反を犯しつつ、それに対して教育的な対応がなされることで行動が修正され、規範の内面化が達成されるというところにこそ学校の正常な機能と本質があるということである。事実、学校教育の現場では、生徒指導に熱心な教員ほど子どもたちのルール違反を取り返しのつかないこととは考えず、逆に指導のチャンスと捉える傾向がある。一定の範囲内での子どもたちのルール違反は、彼らにとっての社会化プロセスの重要なファクターであると考えられているからである。
　さて、それでは教育の現場における現実の問題状況にはどのようなものがあるのだろうか。具体的に考えてみよう。まず、教育をめぐる問題状況には「教育領域で生じる問題」と「教育によって生じる問題」がある。学級崩壊や体罰などが前者の、学力格差の拡大や不登校などが後者の好例である。また、問題状況はその発現する範囲によって「個人的次元」「集団的次元」「社会的次元」のそれぞれに分類することもできるだろう。個人的次元の問題には、学校不適応、不登校、自殺、非行、校内

暴力行為など，個々の児童生徒に関して生じるものが含まれる。また，集団的次元の問題とは，いじめ，学級崩壊，授業不成立，集団的非行など，集団・小集団を舞台に展開する問題状況である。もう一つの社会的次元の問題としては，学力低下，学力格差の拡大，ニートやフリーターの増加，教育費負担の増大といったような社会全体に関わる問題状況が挙げられる。そうしたさまざまな形態の教育をめぐる問題状況は，表7-1のように概略整理することができよう。

### （2）暴力行為

　文部科学省は，毎年度『生徒指導上の諸問題の現状について』と題する報告を行っている。そこに問題行動として挙げられているのは，「暴力行為」「いじめ」「不登校」「高校中途退学」「自殺」の5項目であるが，それ以外にも，文部科学省が言葉の一人歩きを警戒して用語として使わないため，正確な全国調査も十分になされてこなかった「学級崩壊」「授業不成立」なども現象として存在することは間違いない。以下，そのそれぞれについて，大まかな量的状況とその推移を見ていくことにしたい。

　まず，暴力行為について見よう。学校内の暴力行為の件数を1983年度からの推移で学校種ごとに見たのが図7-2である。これを見ると，最も多いのが中学校で，2016年度には28,690件の暴力事件が起こっていることが分かる。これは全体の約51％に達する多さである。それに対し，高校生の学校内暴力事件は相対的にかなり少なく，またさほど増加もしていない。その理由としては，もちろん，年齢とともに規範を内面化できた生徒が増えてくることもあり，また，高校生になると校内での人間関係や学校との関わりを中学生ほど重視しなくなる（逆に言えば，中学生はまだ学校への帰属性が強い）からとも言えるが，それ以上に高校で

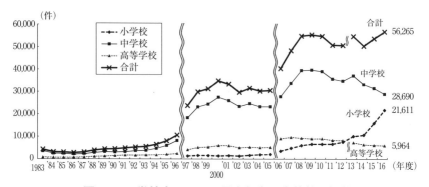

**図7-2 学校内における暴力行為発生件数の推移**
(文部科学省『児童生徒の問題行動・不登校等生徒指導上の諸課題に関する調査 (2016年)』より)

の懲戒, つまり退学や停学を生徒が意識していることが大きいと思われる[1]。

　一方, 絶対数ではまだ全体の4割弱で, 母集団の児童数が中学, 高校の2倍であることを考えれば, 発生率は半分程度に低下するものの, 小学生の校内暴力行為が近年急増傾向にあることにも注目してよい。2012年度の前後から増加に転じ, 2016年度には21,611件に達している。この値は, 2012年度の2.9倍, 公式に小学校でも調査を始めた1997年度 (1,304人) の実に16.6倍にあたる。このことは, 今後の中学段階, 高校段階への進学による影響を考えると, 問題行動の低年齢化は決して看過すべき問題ではないと言える。

---

[1] 高校では, 中学校までとは異なり, 公立学校であっても退学処分が可能となる。実際には, 規則に基づく懲戒としての退学処分を受ける生徒の数はごく少数で, 多くは自主的な退学の形をとる。しかし, そういった措置があることを生徒たちは十分に意識しており, その抑止効果も暴力行為の表面的な数値の低さに表れているものと思われる。

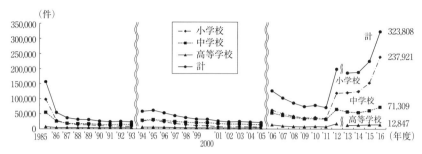

**図7-3 いじめ認知（発生）件数の推移**
（文部科学省『児童生徒の問題行動・不登校等生徒指導上の諸課題に関する調査（2016年）』より）

## （3）いじめ

　次にいじめである。いじめという事象は非常に定義が難しい概念であり，認定のための現象を見る統一された基準も明確に定まっていないのが現状である。したがって，文部科学省が発表する数値は，各都道府県，市町村における現場の学校が「いじめと認知した」事案の件数を文部科学省に報告し，それを集計したものであって，統一的な基準で「いじめと認定された」事案の件数計ではないということに注意して見る必要がある。つまり，調査の際に申告した学校の判断によるところが多いのが現状であり，統計値の取り方そのものに内在する問題性も無視することはできないのである。さらに，この問題の性格から，暗数化，つまり，現実に生じているのに教師や学校によって認知されていない，という状況もあると思われる。いじめに関しては，そうした統計数値上の限界があることを前提として解釈していかなければならない。

　図7-3を見ると，2006年に集計方法に変更があり，また当時福岡県の小学校で全国的に報じられたいじめ自殺事件が起こったことも契機となって，数値が急増したことが分かる。この急増した数値も，その後

2011年度までは落ち着く方向に向かっていた。しかし，2012年度以降，再び反転して急増の状況を示している。とりわけ小学校においてその程度が著しい。2016年度の件数は117,384件と突出している。先述の校内暴力行為の場合にも増して顕著な傾向が見られるのである。問題行動の低年齢化は，ここでもいっそう深刻である。

### （4）不登校

　ついで前章でも見た不登校である。かつては登校拒否と呼ばれていた不登校も，いじめ同様厳密には定義の難しい概念であるが，文科省や各教育委員会等では便宜的に，年間30日以上の連続もしくは継続的な欠席をもってその基準としている（病気，経済的理由等を除く）。図7-4によれば，不登校児童生徒の割合は2001年度まで継続して増加の傾向を示し，その後10年あまり増減が見られなかったものの，過去数年間は増加の傾向にあることが分かる。絶対数で見ると，2016年度現在，中学生で

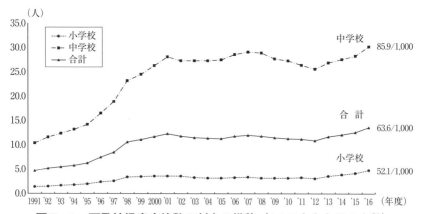

図7-4　不登校児童生徒数の割合の推移（1,000人あたりの人数）
（文部科学省『児童生徒の問題行動・不登校等生徒指導上の諸課題に関する調査（2016年）』より）

は10万3,247人，小学生では3万1,151人が不登校状態にあると見なされている。割合で言えば，中学生では約33人に1人，小学生では約208人に1人ということになる。決して小さな数ではない。不登校に関しては，中学校での問題が突出している。

　不登校のデータに高校のものは入っていない。それは，義務教育ではない高校では，長期欠席が指導によっても改善されない場合，そのまま中途退学という経過をたどるのが大半だからである。したがって，高校では不登校よりも中途退学のほうに重要な意味があり，高校だけは中途退学のデータがとられているのである[2]。

### (5) 学級崩壊

　次に集団次元での最も顕著な問題状況である「学級崩壊」について見よう。一時は全国的に危機的な状況にあった学級崩壊であるが，現在ではそれほど大問題としては取り上げられない。しかし，まだ完全に克服されたわけでもない。文科省は，学級崩壊という言葉自体が一人歩きしてしまうことを恐れ，自らはこれまで一度もそれに関する公式の調査を行ってこなかった。したがって，学級崩壊についての政府による公式な全国データは存在せず，量的な把握は非常に困難である。数少ない中で，2001年に全国の小学校を対象にした独立行政法人・国立教育政策研究所「学級経営研究会」の調査があるが，その結果によると，全国の小中学校長の26.0%，教員の32.4%が，過去1年間に所属する学校で「学級がうまく機能しない状態」（つまり学級崩壊）があったと回答している。その結果から推測すると，ほぼ4分の1から3分の1の学校で学級崩壊があったと考えることができるだろう。

---

[2] 煩瑣になるためここでは省略するが，本章で用いている文部科学省「児童生徒の問題行動等生徒指導上の諸問題に関する調査」では，高校中退のデータが毎年度報告されている。それによると，2000～01年度頃まで増え続けていた高校中退者の絶対数と比率は，ともにその後減少傾向にある。高校授業料無償化等により，今後いっそう減少していくものと思われる。

ここで，学級崩壊の概念について簡単にまとめておくことにしよう。文科省によると，学級崩壊とは「子どもが授業中に教師の指示に従わず立ち歩いたり，教室を抜け出すなどの行為を繰り返すことで授業が成立しない状況」を指す概念とされている。先の国立教育政策研究所では，「学級がうまく機能しない状態」と簡潔に定義しているが，具体的には，「授業中教師の話を聞かず立ち歩く」「大声や奇声を上げる」「授業中に私語やマンガに耽（ふけ）る」「授業中に教室から抜け出す」「教師に集団で反発や攻撃を行う」「掃除や給食当番等の役割分担を放棄する」といった状況が日常的にしかもかなりの数の子どもに見られることである。また，そうしたことの背景としては，「担任教師の学級経営が柔軟性を欠いている」「授業の内容と方法に不満を持つ子がいる」「いじめなどの問題行動への適切な対応が遅れた」「校長のリーダーシップや校内の連携・協力が確立していない」「家庭などとの対話が不十分で信頼関係が築けず対応が遅れた」「特別な教育的配慮や支援を必要とする子がいる」といった事柄が考えられるとしている。

　一方，これまで学級崩壊の最大の原因として指摘されることの多かったのが，不適格教員の問題，つまり指導力不足教員の問題である。授業や指導ができなかったり，子どもの意見に耳をかさず保護者との信頼関係も結べなかったりといった教員の存在は，かねてよりしばしば指摘されてきたが，そのことを理由とした処分や配置転換は従来ほとんど行われてこなかった。しかし，文科省の『教育の構造改革』（2005年）以来，現職教員の評価という観点が導入されたことで状況に変化が生じている。実際に，教員不適格を理由とした退職，休職の処分が出されるようになったのである。詳細は，次章「教師―聖職という桎梏―」で論ずることとするが，これまで等閑に付されてきた不適格教員の問題が公的に取り上げられるようになったことの意義は決して小さいものではないと

表7-2　なれ合い型学級崩壊のプロセス

| 崩壊初期 | 学級全体の取り組みが遅れ，やる気が低下する<br>教師の気を引く悪ふざけが散見する<br>ルール違反しても教師に個人的に許してほしいとねだる<br>私語が増え，教師の話に口をはさむ<br>2〜3人が固まりヒソヒソ話が目立つ |
|---|---|
| 崩壊中期 | 他の子どもやグループのことを教師に言いつける<br>注意すると「私だけ怒られた」と反発する<br>教師の指示が行きわたらなくなる<br>係活動が半分以上なされない<br>陰口が増え，授業中の私語，手紙の回し合いが目立つ<br>子ども同士のけんかが目立つ |
| 崩壊期 | 教師を無視し，勝手な行動で授業が成り立たない<br>教師に反抗するときだけ団結する<br>係活動を怠り，ゴミが散乱，いたずら書きが目立つ<br>掲示物などが壊される<br>給食は力の強い順番になり，勝手に食べる |

河村茂雄グループによる

思われるのである。

　ところで，学級崩壊に関しては，近年，その様相に変化が生じてきたことも指摘されるようになった。一時下火になった感のあった学級崩壊が，首都圏，近畿圏を中心に再び増加に転じ，さらにその性格も変化していると言われている。従来多かった学級崩壊は，管理を重視して統制型の担任教師に一部の子どもが反発し，そこに教師の柔軟性のなさや経験不足，教員仲間との連携の悪さ，等々の条件が重なって学級運営ができなくなるという「反抗型」であったが，最近は，友達感覚の優しい先生とのなれ合いの末に秩序が崩れる「なれ合い型」の学級崩壊が急増

し，大半を占めるまでになっているというのである（表7-2）。

1980年代から90年代にかけて問題となった中学校中心の「荒れる学校」は，全体として反抗型が多く，問題のある子どもに焦点を当てた集中的対応で解決することが可能であったと言われている。しかし，主に小学校で生じる「なれ合い型学級崩壊」の場合は，明確に原因となる子どもを特定できず，一人一人になると普通の子どもと変わらない児童が主体となるだけに，予測も対応も難しくなる傾向がある。また，学校における行き過ぎた（あるいは誤った）新自由主義的個性重視の傾向が，健全な集団の形成を阻害する方向に働きがちなため，学級が集団（group）ではなく群衆（mass）になってしまっているという指摘もあながち極論とは言えない。

### (6) 子どもたちの自殺

子どもたちの自殺についても，その量的な側面を見ておこう（図7-5）。統計の取り方の変更のため，多少不連続であるが，子どもたちの自殺数は1979年度の380人をピークに，2005年度の103人まで減少傾向に

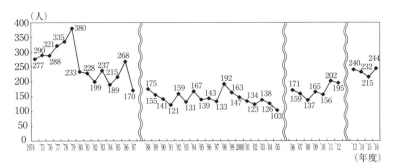

図7-5　児童生徒の自殺数の推移
（文部科学省『児童生徒の問題行動等生徒指導上の諸問題に関する調査（2016年）』より）

あった。しかし，再び増加に転じ，2016年度には244人となっている。報告された原因としては，「不明(54.1%)」を除き，「家庭不和(11.1%)」と「進路問題(11.1%)」が多い。「いじめ」は4.1%と少ないが，証言の取り方等，認知の仕方にも問題が指摘されているところである。

## 3. 問題状況の背景

**逸脱のとらえ方**

　ここまで，子どもたちをめぐる教育に関わる問題状況を見てきたが，ここで視点を変えて，そうした状況の背景について考えてみることにしよう。問題行動は広く捉えると，規範に対する逸脱行動だということができる。簡潔に言えば，逸脱とは広く是認されている集団内の規範に対する違反である。そもそも，逸脱的な行動はなぜ起こるのだろうか。

　これまで逸脱行動，とりわけ青少年の逸脱に対しては，いくつかの原因論の枠組みが提示されてきた。本章ではそれを詳細に展開することはしないが，ごく簡単に振り返っておくならば次のようにまとめることができよう。

　まず，逸脱要因論は基本的な逸脱観で二つに大別できる。一つは，「子どもたちは本来調和的な存在である」という前提に立ち，「その子どもたちが逸脱するのはなぜか」という立論から，比較的リベラルな，いわば性善説的な要因論を展開するのが，以下の議論である。

①社会的緊張理論

　高められた欲求と限られた達成機会との不調和，そしてそれによる欲求不満と社会的緊張の増大を主な要因と考える。

②文化学習論

　逸脱的文化との接触機会の多さと，そこからの逸脱文化学習を主な要

因と考える。
③ラベリング論

秩序維持のため，常に一定の逸脱を必要とする社会の側からの（特定の特性を持った集団への）ラベル（レッテル）貼りによる予期的社会化を主な要因と考える。

もう一方は，「子どもたちは本来逸脱的な存在である」という前提に立ち，「その子どもたちが普段逸脱しないのはなぜか」という立論から，いわば性悪説的な，つまり「誰でも問題行動を起こす可能性がある」という立場で比較的保守的な要因論を展開するのが，以下の議論である。

④統制弛緩論

諸規範によって維持されている社会的統制のゆるみを主な要因と考える。

⑤ボンド（社会的紐帯）理論

社会との絆による規範社会への引き留めが十全に機能しなくなることを主な要因と考える。

問題行動を起こす子どもたちの背景には，実際のところ，さまざまな要因が複合的に存在するため，その発生メカニズムを簡潔にかつ単純に理解することはほとんど不可能であるとさえ言えるが，上記のうちで

---

3）ボンド理論は，アメリカの犯罪学者ハーシ（Travis Hirschi）の提唱した犯罪・非行要因論である。ハーシは，社会とのつながり（ボンド）の欠如が人を逸脱へと向かわせると考えたが，そのボンドとして，①他者への愛着，②集団への同調（集団での地位や役割を失うことへの恐れ），③日常的な活動への取り込み，④規範遵守を正しいとする信念，の四者があると論じている。それらが著しく弱まったり失われたりすることによって，人は逸脱へと向かうのである。より具体的に言えば，学級に愛着を感じる仲間や教師がおらず，学級活動への参加も寄与もほとんどしておらず，勉強や部活動で毎日忙しいということもなく，さらに，ルールを遵守するのはダサいというような意識を持っている子どもの場合，規範を守ることへの動機付けがきわめて弱いために問題行動に向かいやすくなるということである。

は，種々の背景から逸脱へと誘われる子どもたちを規範的な社会にとどめている要素，つまりボンド（社会的な絆，紐帯）が何であるかを明らかにし，逸脱が生じるのはそれが弱まった場合であると考えるボンド理論が，今日最も有効かつ実際的な考え方とされている[3]。

## 参考文献

鮎川潤『逸脱行動論』(放送大学教育振興会，2006年)
大村英昭「臨床社会学とは何か」大村英昭・野口裕二編『臨床社会学のすすめ』(有斐閣，2000年)
加藤美帆『不登校のポリティクス』(勁草書房，2012年)
河村茂雄『変化に直面した教師たち』(誠信書房，2006年)
酒井朗『教育臨床社会学の可能性』(勁草書房，2014年)
鈴木翔『教室内カースト』(光文社，2012年)
住田正樹『子ども社会学の現在―いじめ・問題行動・育児不安の構造―』(九州大学出版会，2014年)
矢島正見・丸秀康・山本功編『よくわかる犯罪社会学入門』(学陽書房，2004年)
琴寄政人『さあ，ここが学校だ！―西原中学教師チームの軌跡と奇跡』(三交社，2010年)

## 研究課題

① 学校および中学校における暴力行為について，行為の種類別，学年別，性別，地域別等の細分化された最新の公式データを入手し，そこから何らかの傾向を見出せたならば，その背景や要因について考えてみよう。
② 参考文献や各種の報道内容などを基に，いじめという事象の意味や内容，あるいはそれが学校教育の現場で生じる原因について考えてみよう。
③ 学校における逸脱抑制要因としてのボンドについて，小中高の学校種ごとにその内容を具体的に考えてみよう。

# 8 | 教師 —聖職という桎梏—

　教える主体としての教師は，言うまでもなく学ぶ主体としての児童生徒と同様に重要な学校教育の要素である。学校教育における社会化の内容から形式にいたるまでのかなりの部分が，教師のあり方によって決定されると言っても決して過言ではない。教師という存在は教育制度に普遍的なものである。教師とその機能がどのようなものであり，どのように養成されるのかは，その社会の教育システムを見るにあたって決してゆるがせにできない，重要なファクターである。ここでは，学校教育に直接携わる専門職としての教師の社会的役割，機能，その置かれている状況，そして教員養成の現状と問題点などについて考えていく。

中学校での教育実習の一コマ。教育実習は，教員養成において欠くことのできない最重要過程である。　　　　　　　©共同通信社／ユニフォトプレス

《キーワード》　教師，教員，専門職，ILO，ユネスコ，CEART，教育実習，開放制教員養成，校務分掌，指導力

## 1. 職業としての教師

### （1）教師と教員

　デュルケムは，ソルボンヌ大学において，学校教師としての理想に燃える学徒を前にして初めて教育と社会に関する熱のこもった講義を行った。それは，学校教育を社会学的に理解することのできる教師の育成こそが，新しい時代の合理的で理性的な教育を形作る上での鍵であると信じていたからでもあった。もちろん，今日の日本にあっても，学校教育における教師の役割がきわめて重要であることは疑いようもない。

　ここでは，そうした学校教育における教師とその養成の問題を，教育社会学の視点で考察していくが，その問題を考えるにあたって，まず，教師をめぐる概念の整理をしておくことにしよう。教師という職に対しては，教師の他にもう一つ，教員という表現もしばしば用いられる。教師は，教育，教授をする者を指す最も一般的な呼称であって，学校における学業のみならず，技芸の稽古事の教示，宗教的な教義の教導など，広範な教授者に対して用いられる。もともと，「師」は，人々の集まった状態を示す字義を持っており，転じて多くの人々に教えを授ける者の意になったと言われている[1]。

　一方，教員は，それに比して非常に新しい造語であり，明治初期に「教育職員」から造語された法律用語である。「員」は，員数，定員などと用いられるように，数と同義であって，転じて何らかの組織，集団の構成員という字義を持っている。その二者以外にも，一般的な呼びかけの言葉としても用いられる「先生」や，今日の学校教育法で定められた制度上の正式な職位を表す「教諭」，戦前・戦中の国民学校（尋常小学校）で用いられていた「訓導」など，教師を表す表現は多様である。このことは，人を教育するという営為の広範さ，歴史の古さ，身近さ，そ

---

1) 師には，師団長や軍師，師役の場合のように「戦」の意もあるが，これも，原義の「多くの人々」からきたものである。

して境界の曖昧さにも関わっているのである。本章では，そうした曖昧さを避けるため，特に断らない限り呼称を「教師」に統一しようと思う。ただし，法律によって定められてきたもの，あるいは従来慣行として用いられてきたものについては，便宜的に「教員」の語も用いることとしたい。要は，その指し示すものに大きな差異はない，ということである。

「教師」いわゆる「先生」は，その存在があまりにも身近すぎて，仕事の内容も自明のことと思われており，あらためてその社会的役割を論ずる必要を感じられないかもしれない。しかし，教師を教員と捉え，公的機関としての学校で社会サービスである教育に携わる職として限定的に捉えるならば，そこに近代国民国家が成立して以来の教師に対する二つの対立的な見方が立ち現れて来ることに気づく。つまり，国あるいは公(おおやけ)に奉仕する公的機関のエージェント（つまり公務員）としての教師と，専門的知識・職能を持って専門的活動に従事する自律的な専門職としての教師である。国家を運営し，将来の独立した国民となるべき子どもたちを自分たちの方針にそって効果的に社会化することを目指す指導層は，もちろん教師に公務員としての機能を強く求める。一方で，教師たち自身は，専門職としての独立性，自律性，自由裁量性，そしてそれらに見合った処遇を求めるため，必然的にその二者は常態として対立的な関係にならざるを得ないのである。

### （2）専門職としての教師

第二次大戦の終結後，教師の質の向上と維持，そしてその保証という大命題に取り組んだのは，ILO（国際労働機関）とユネスコであった。両者は，共同でCEART（セアート）というILOから6名，ユネスコからも6名指名された世界の有識者からなる協議委員会を立ち上げ，1966

年には各国への調査結果を踏まえ，教師の職業的地位に関する非常に影響力の強い勧告，『教員の地位に関する勧告』を出した。勧告は全146項からなる大部なもので，教職の定義から始まり，教職に関する理念，政策課題，教員養成，教員の継続教育（再教育），採用，昇進，身分保障，健康，女性教員への対応，非常勤の扱い，教職にともなう権利と責任，効果的な授業の条件，学級規模，教育施設設備，労働時間，年次有給休暇，研修休暇，病休，産休，そして，労働者としての教師にとって最も重要な事項の一つである給与，老齢年金にいたるまで，およそ教師と教職に関する事柄すべてを網羅した内容になっている。この勧告が，その普遍性と重要性から，教職に関する国際憲法とも言われるゆえんである。こうした勧告が出されたことからも分かるように，国際的に見ても，教師の質とそれを保証するさまざまな社会的条件が，教育の質の改善に関わる最も重要なファクターだと認識されていたのである。

　その内容のうち，教職の専門職としての定義を示す第6項には，「教職（原文は teaching）は専門職（原文は profession）と見なされるべきである。この仕事は，厳しくかつ長期にわたる学習によって獲得され，維持されるような専門的知識と特化した技能を必要とし，また，個人として，あるいは共同で担当する児童生徒の教育と福利に関しての責任を果たすことが求められるような公共サービスの一形態である。」（岩永訳）と書かれている。勧告が，被雇用者，公務員としての教員よりも，自立した専門職としての教師という考え方を採用したということを明確に示した項だと言えよう。

　この CEART による画期的な勧告の影響は非常に強く，このあと，日本を含む各国で教職をめぐる諸条件の見直しと専門職化が進んだのである。

## （3）専門職の要件

ところで，CEARTの議論で問題とされた専門的職業とはいかなるものなのだろうか。どのような特徴と要件を持っているものなのだろうか。一般的にその要件と思われている内容は，以下のようにまとめることができる。

専門職（profession）とは，本来，神または公に宣誓（profess）して就く職業を指し，一般に以下のような共通要件を満たすものとされる。

①高度の知識・技術を有する
②長期の専門的教育を要する
③公共の利益優先の職責を有する
④就業後も自主的な研鑽を行う
⑤活動に広範な自律性を有し結果の責任を個人が負う
⑥組織に属さないかまたは非官僚制的な組織に属す
⑦高い社会的評価と報酬が与えられる

このような専門職としての要件の大半を裏返しにしたものが，社会や国家に奉仕する公務員としての教師の特性ということになる。先述の，

表8-1　現代日本における教職の二面性

| 位相＼側面 | 専門職としての側面 | 被雇用者としての側面 |
|---|---|---|
| 職域と職能 | 全般的完結的 | 部分的分業的 |
| 教育訓練 | 長期的専門的 | 中期的一般的 |
| 権限 | 総合的裁量権 | 組織的管理 |
| 就業後研鑽 | 自主的学習 | 制度的研修 |
| 職務と職責 | 成（結）果主義 | 文書主義 |
| 職階 | 水平的 | 垂直的 |
| 忠誠の対象 | 子ども（保護者） | 組織（学校・教育界） |

教師に対する二つの対立的な見方は，したがって，表8-1のように，そのまま教職というものの持つ二つの側面の各位相での特性につながることになるのである。

## 2. 日本の教師

### (1) 日本の教師の量的側面

ここで，日本の教師の現状について，量的な側面から見ていくことにしよう。日本には，現在，本務者のみで，幼稚園から高等学校までを合計して116万人あまりの教員がいる。これほど大きな規模の均質性の高い同職者集団は他に類を見ない。そのうち，小学校が最も多く，約42万人，約36％を占めていることが分かる。今後，1学級あたりの児童生徒数の見直しが行われ，それによる必要教員数の増分にある程度本務教員で対応するとなると，この数はさらに増えていくことが予想される。

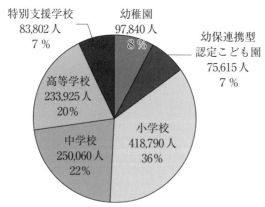

図8-1　日本の学校教員数（本務教員のみ）
（文部科学省『学校基本調査・速報値（2017年）』より）

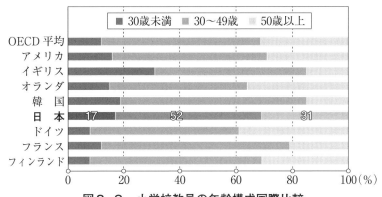

**図8-2　小学校教員の年齢構成国際比較**
（OECD "*Education at a Glance 2018*" より）

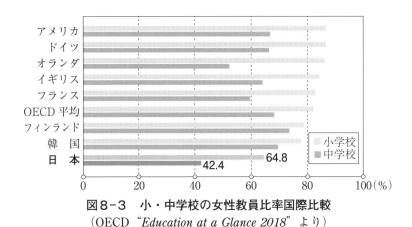

**図8-3　小・中学校の女性教員比率国際比較**
（OECD "*Education at a Glance 2018*" より）

　この教師の内訳を年齢別に見てみよう。すべての学校種では煩瑣であるので，ここでは小学校教員に注目して，その年齢構成を見ることにする（図8-2）。欧米や韓国などに比べ30歳未満の若年者が少なく，また，ドイツやオランダ，アメリカなどに比べ中高年層も少ないことが分

かる。40代の比率は最も多い。また，小中学校の教員に関してその性別構成も見ておこう（図8-3）。日本の小中学校，とりわけ小学校の最近の傾向では，女性教員が非常に増えているという印象を受けることが多いが，国際的に見るとむしろ最も少ないほうだということが分かる。特に中学校においてその傾向が強く表れており，50%を切っているのは，図の中のデータのないオランダを除く7カ国中で最も低い値である。さまざまな教育指標が似通っていることの多い韓国と比較しても，小中学校ともにかなり比率が低いことが分かる。国際的に見ても特異なこのような状況は，たとえば，CEARTが日本の小学校教師の実態を実地調査に来た際，対応した各地方の校長や教師，教育関係者のほぼ全員が男性であったことに驚いた，といったエピソードが残っていることなどからも窺い知ることができる。

### （2）教師の養成

これまで日本の教師集団の量的特性を見てきた。それによって，日本の教師の全体像はおおむね捉えられたと思うが，ここからはそうした日本の教師がどのように育成されるか，つまり教員養成に目を転じて見ていこうと思う。

まず，教職に就くためには教員免許状を獲得し，各都道府県，政令指定都市の実施する教員採用試験に合格しなければならない。教員免許は，教職課程として課程認定された課程を持つ四年制大学または短期大学等で「教科に関する科目」と「教職に関する科目」を履修し，所定の単位を取得することで得られる。課程認定とは，本来一人一人の教員について公にその資質や知識技能を認定すべきところを，便宜的に大学のカリキュラム自体を審査・認定し，その履修をもって教育能力の認定に代えるという制度である。

教員養成を目的として設置された教育学部はもちろん，教職課程を持つ大学等でも学部の卒業に必要な単位がそのまま「教科に関する科目」の課程認定単位となっている場合が多いが，それに加えて，教育原理，教育心理，教育実習等の「教職に関する科目」の履修が必修として義務づけられている。とりわけ教育実習は将来教職に就くことを希望している学生にとって，講義や書物による学術的な学習では得られない貴重な実践的学習機会となっている。また，子どもたちにとっても，普段の担任教師とは違った若い実習生との触れ合いが新鮮な刺激となり，有益な体験となることが多いのである。

　教育実習は，このように有意義な教育課程として，教員養成に欠かせない要素となっているが，国際的に見ると，日本の教員養成制度では教育実習にそれほど重点を置いていないことが分かる（図8-4）。最長のオランダでは，ほぼ1年間にわたる実習が必須とされているのに対し，日本の場合は最短のわずか20日である。このような短い実習期間という制度上の特徴には，戦前・戦中の師範学校による教員養成から，戦後は

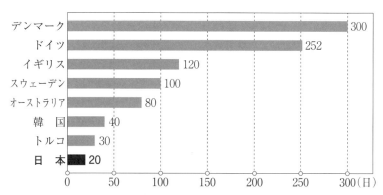

図8-4　必須教育実習期間の国際比較（小学校教員）
（DECD：'Education at a Glance 2014'より）

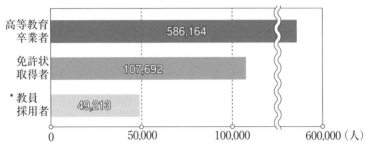

※ただし，教員採用者数には私立小学校，私立中学校，特別支援学校等は含まない

**図8-5　高等教育卒業者，教員免許取得者，教員採用者数**
（文部科学省「学校教員統計調査（平成28年度）」「教育委員会月報（平成30年6月号）」より）

「開放制教員養成」へと仕組みが変わったという背景がある。開放制教員養成とは，教員資格を師範学校系つまり戦後の教員養成系学校や学部に限定せず，大学・短大を卒業して必要な単位を取得したものであれば区別せずに教員免許状を与えるという制度である。戦前・戦中の天皇制に基づく全体主義的教育を，独占的に教員養成を行っていた師範学校が主導したことによる弊害を回避するために導入された制度であった。しかし，その結果，免許状の取得者数と実際の教員就職者の数との大きな隔たりという事態，すなわちいわゆる「ペーパー・ティーチャー問題」が発生するようにもなっているのである（図8-5）。

## （3）教師の仕事

　さて，それでは，そのようにして就いた教職で，実際の教師たちはどのような職務に従事しているのだろうか。教員の職務について，少し詳しく見ていくことにしよう。図8-6に示すのは，平均的な公立小学校4年生のある1日の時間割である。
　朝の8時からほぼ午後4時頃まで，びっしりと課業が続いていること

4年○組

| | 月 | 火 | 水 | 木 | 金 |
|---|---|---|---|---|---|
| 8:10 | | | | | |
| 8:10-8:20 | 朝の会 | おはなしタイム「朝自習」-打ち合わせ- 8:25-朝の会 | 朝の会 | | |
| 8:20-8:35 | 読書タイム | | 朝自習 | 朝自習 | 朝自習 |
| 8:35-9:20 ① | 学活 | 道徳 | 国語 | 国語 | 国語 |
| 9:30-10:15 ② | 理科 | 算数 | 算数／社会 | 算数 | 算数 |
| 10:15-10:35 業間 | わんぱくタイム（予鈴10:30） | | | | |
| 10:35-11:20 ③ | 算数 | 理科 | 体育 | 理科 | 音楽／図工 |
| 11:25-12:10 ④ | 国語 | 社会 | 算数 | 社会 | 図工 |
| 12:10-12:50 | 給食 | | | | |
| 12:55-1:15 | 昼休み | 準備 | ロング昼休み 12:55-1:35 | 昼休み | 準備 |
| 1:20-1:35 | 清掃 | | | 清掃 | |
| 1:35-1:40 | 学習準備 | | | | |
| 1:40-2:25 ⑤ | 総合（英語） | 国語（書写） | 音楽 | 総合（英語） | 体育 |
| | 休み時間（5分） | | | | |
| 2:30-3:15 ⑥ | 帰りの会 2:25-2:40 クラブ 2:45-3:45 | 国語 | 総合 | 🎵 | ⚽ |
| 3:15-3:55 | 委員会 2:45-3:50 | 帰りの会（5時間の時は2:25-2:45） | | | |

**図8-6 小学校4年生の時間割例**（架空例）
（※英語は，2020年度より3，4年生で必修化。）

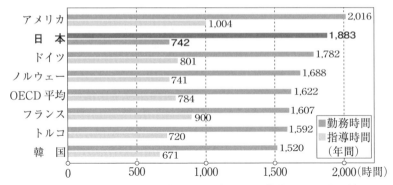

**図8-7　小学校教員の年間勤務時間と指導時間の国際比較**
（OECD "*Education at a Glance 2018*" より）

が分かる。また，課業の合間の休み時間や，給食，清掃の時間も，教師にとっては次の科目の準備や採点，ノートの点検，給食指導，清掃指導と，休む間もないのが実情である。休み時間のたびに子どもと一緒に外で遊ぶ，という理想論は，大方の教師にとって過酷な課題となっているのである。加えて，校務分掌と呼ばれる学校管理運営上の諸業務もある。学校には課外の行事が数多くあり，生徒指導，図書の管理，部活動，さらには地域との関係，PTA関係など，周辺的な業務も決して少なくない。公立学校の場合，事務や補助業務を行う人員の配置員数が極めて少なく，教師相互で分担しつつ，そうした業務も行っていかなければならないのが現状だと言える。その状況を示しているのが，上の図8-7である。

　これを見ると一目瞭然であるが，OECD各国との比較において，日本の教師はアメリカに次いで勤務時間が長く，その反面，子どもたちの指導に向ける時間が非常に短くなっていることがよく分かる。また，それに関連してしばしば話題にされる1学級の児童生徒数規模も，諸外国と比べて大きいのが日本の特徴となっている（図8-8）。

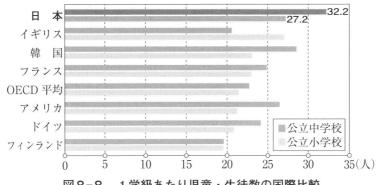

図8-8　1学級あたり児童・生徒数の国際比較
（OECD "*Education at a Glance 2018*" より）

　そのような多忙な状況にあっても，教師たちは職業的研鑽を継続して行っている。ある意味で，就職後に最も多くの研修・研鑽を行う職業集団の一つだと言ってもいいだろう。教師は，実際に教職に就いてからも，このように社会や子どもたちの変化に対応し，また，自らの実践をより高めていくため，日常的に研修や公開授業などに参加し，教育上の知識や技能を身に付け研鑽していく機会を持つ。2007年度には教員免許更新制度も始まり，それ以降，そうした研修・研鑽の機会は確実に増える傾向にあるのである。

### （4）日本の教員をめぐる諸問題

　これまで日本の教員とその養成の現在の状況について詳しく見てきたが，最後に，日本の教師と学校が直面するいくつかの重要な問題について確認しておこうと思う。現在，日本の教師が関わる問題はおおむね次のようなものである。
　①特殊な専門職業人としての位置付けが不明瞭である
　②教科指導以外の職務に費やす時間が非常に多い

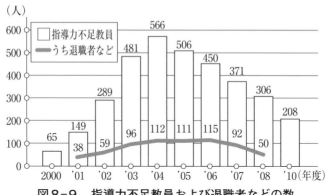

図8-9　指導力不足教員および退職者などの数
（文部科学省調べ）

③現場教員のストレスや心身の病気が増加している
④学級規模が世界的に見ても大きい
⑤学校におけるリーダーシップのあり方が不明確である
⑥教員養成のシステムに質的量的な問題がある
⑦学習指導要領の変遷に見られるように国の方針が必ずしも一貫していない
⑧人材確保法による優遇措置の先行きが不透明である

　いずれも，容易には解決がつきそうもない難しい課題ばかりであるが，とりわけ，①と⑦を除くすべての問題に関係してくると思われる現象が，不適格教員の認定とそれへの対応である。行動に問題がある，指導力が欠如している，といった教員としての不適格者の存在はかねてよりしばしば指摘されてきたところであるが，それを理由とした処分はこれまで原則として行われてこなかった。しかし，2005年に出された『教育の構造改革』以来，実際に不適格を理由とした退職，休職の処分が出されるようになった（図8-9）。

これを見ると，指導力不足教員と認定された教師の数は，2001年度から急激に増加し，04年度をピークとして減少に転じていることが分かる。認定された数の4分の1から5分の1程度の退職者数も，同様の傾向を示している。何十年間にもわたってメンバーがストックされる教師集団のような場合，年々大勢の不適格候補者が新たに入ってくるということではないため，ある程度の処分がすんでしまえば減少に転ずるのは自然なことであると見ることができる。事実，2010年以降はその量的減少を受けて，公的な集計と公表もなされなくなった。とはいえ，もちろん指導力不足教員の問題が解消したと言うことはできない。

## 参考文献

Educational Testing Service, *Preparing Teachers around the World*（ETS, 2003）
OECD, *Education at a Glance*（OECD, CERI）（各年度版）
日本教育学会編『教育学研究〈緊急特集　教師の仕事とニーズ／公共性〉』第75巻・第4号（日本教育学会，2008年）
日本教育社会学会編『教育社会学研究〈ゆらぐ教員世界と教職の現在〉』第86集（東洋館出版社，2010年）
山崎博敏『教員需要推計と教員養成の展望』（協同出版，2015年）
油布佐和子編『現代日本の教師―仕事と役割―』（放送大学教育振興会，2015年）

## 研究課題

① 現代日本の教師について，その専門家としての側面と勤労者としての側面を具体的に明らかにし，整理してみよう。
② 日本の教師が置かれている状況や問題点を，他の国々との比較で具体的にまとめてみよう。
③ 日本の教員養成制度の特徴と問題点について調べ，まとめてみよう。

# 9 | 高等教育 ―大衆化と機能変化―

　中等教育を経た若者たちが勉学の継続を希望する場合，その大半は大学に代表される高等教育に進むことになる。これまで職業的専門性との関わりの中で形成されてきた制度としての日本の高等教育は，今日著しい大衆化の圧力にさらされている。そのことが高等教育機関を多様なものにし，また大学改革を促進する大きな要因ともなっている。ここでは，まず，大学という社会的制度の機能についてまとめた上で，それが現在どのような状況にあるのか，大衆化の圧力と少子化の影響の中で，どういった変容を遂げつつあるのか，そして，そもそも現代に生きる子どもたちにとって，大学進学にはどのような意味があるのかといったことについて考察する。

かつて象牙の塔と言われた大学も大衆化が進み，洒落たフードコートのような食堂が普通に見られるようになった（下は東大本郷の中央食堂）。一方で大学間の教育格差拡大も進んでいる。　①，②Ⓒユニフォトプレス

**《キーワード》** 高等教育，大学，中世大学，大学大衆化，教育，研究，社会貢献，カリキュラム，キャリア，学歴，労働市場

## 1. 高等教育の社会的意味

### (1) 高等教育の位置付けと諸相

　大学に代表される高等教育は，現在の学校教育体系の中では中等教育の後に位置付けられ，中等教育までに身に付いた知識や技能，考え方の上に，より高度で専門的，あるいは職業的な内容を獲得する場として機能しているとされている。その制度的な位置付けと，高等教育の意味，具体的な教育機関について，まず初めにまとめておくことにしよう。

　高等教育とは，中等教育以降のより高度な内容を教授する教育機会の総称である。もちろん，欧米諸国に比べて近代化の出発が遅れた日本で案出された概念ではなく，higher education（英）の訳語として，明治以降になって日本社会に紹介されたものである。そもそも原語の higher education も，歴史の浅い概念であり，オックスフォード，ウェブスター等によると初出は1866年と，ちょうど明治維新とほぼ重なる時期である。それ以前の西欧社会では，現在の高等教育に当たるものが伝統的な大学（university）のみであったこともあり，特に大学以外の用語を必要としなかったのである。

　現在の日本で高等教育というジャンルに含まれるのは，大学（大学院を含む），短期大学，高等工業専門学校（4，5年次），そして一般に専門学校と通称される専修学校専門課程である。これらの学校種は，一時期に一括して高等教育機関としての社会的認知を受けたわけではなく，100年以上の長い経緯の後，「岩漿の中からその融点に応じた結晶ができてくるように」（天野郁夫）次第に現在の高等教育機関というグループを形成してきたのである。

　大学は，その長い歴史の中で継続的に量的拡大を遂げてきたが，そのことは後でも述べるように，世俗化，大衆化の圧力を不可避なものとし

た。そして，これも欧米語からの翻訳語であるが，包含する教育機関の範囲が拡大するにしたがって継続教育（further education），第三次教育（tertiary education），中等後教育（post-secondary education）と多様な名称で呼ばれるようになってきている。これらの名称の出現順に高等教育の大衆化が進み，教授内容が易化してきたものと考えてよい。また，性格的にも，学術的な機関から職業指向の強い機関へ，総合的なカリキュラム内容を持つものから専門的なものへ，そして，学問系統に従って体系化された伝統的な教授内容から実務や資格を指向する実際的な教授内容へと重心をシフトしてきたと考えることができるのである。

### （2）高等教育の出自

　ところで，現在，私たちが高等教育機関として理解している諸機関は，その最古の形態を12世紀ヨーロッパの中世大学に求めることができる。最古の中世大学とされているのは，学生の自治団体によって創設され，神聖ローマ皇帝フリードリヒ1世によって1158年に勅許された法学中心のボローニャ大学（イタリア）である。同じ頃，パリにも神学の教授を主目的としたパリ大学が誕生した。ともに神学・法学・医学の3学部を持ち，ラテン語で教授するこの二つの大学が，その後ヨーロッパ各地に広がっていく大学の原型になったのであるが，法学中心のボローニャ型の大学がイタリア国内の各都市に創設されていったのに対し，神学とその予備的学習としてのリベラルアーツ[1]を重視するパリ型の大学は，広くイタリア以外の諸地域に創られ，他の多くの大学のモデルとなっていった。このことにより，全体としてみると，以後のヨーロッパの大学では，おおむねパリ型のリベラルアーツに重点を置く大学が主流をなしていくこととなったのである。こうした大学初期の状況は，その後の大学のあり方に，大きな影響を与えずにはおかなかった。

---

1) リベラルアーツ（liberal arts）の基本型は，ローマ時代後期に成立した自由七科（文法学，修辞学，論理学，算術，幾何，天文学，音楽）である。大まかには，前三者（三学）がラテン語，後四者（四科）が数学に分けられる。

ついで、最先端大学はイギリスへ移っていった。基本的に大教室で講義を行うパリ大学をモデルとして創設されたオックスフォード大学は、パリ大学やボローニャ大学とは異なり、学生や教員の自治団体としてではなく、王権によって創設されたイギリス最古の大学であった。そこでは、ボローニャのように学習者（学生）が主体となるのではなく、社会（国家）によって権威付けられた教授―学習過程が展開された。オックスフォード大学の教育は、学寮（college）とチューターによる個別指導（チュータリング）をその特徴としている。その意味で、それまでの大陸型の大学とは異なり、大学の中心が学習（＝学生）から教授（＝教員・学寮）へと移っていったと考えることもできる。学習者、あるいは教員の組合、自治団体として形成された「学習」機関としての大学が、オックスフォードの開学を契機として、教授者主体の「教育」機関へと変容していったのである。オックスフォードの開学以降、大学に今日的な意味での「教育」という機能が確立することとなる。イギリスの大学で典型的に見られたような国家や教会による統制は、大学の社会的存在基盤を強化する一方で、やがて中世大学の持っていた世界主義的で国際的な性格を失わせる要因ともなった。大学は、国家主義と教派主義によって活動の自由を著しく阻害され、大学活動は沈滞した。17世紀の前後、ヨーロッパの大学はまさにそうした冬の時代を迎えることになったのである。

　その長い沈滞状況を打破し、大学の復興を果たしたのがドイツの大学であった。1809年、プロイセン国王の勅許を得て翌年開学したドイツのベルリン大学は、それまでの神学・法学・医学の諸学部とリベラルアーツからなる伝統的な中世大学の基本形から脱却し、リベラルアーツの統合体としての哲学を諸科学の中心に据えた初めての本格的総合大学となった。ベルリン大学では、教授（教育）の機能と並んで「研究」も大学

の主たる機能に据えられた。その背景には，英仏に対する後発国としてのプロイセン（ドイツ）が，大学を英仏に追いつき追い越すための生産と国力増強および官吏養成の拠点とするという強い国家的意思があった。その目的にそった大学とするため，ベルリン大学では，それまでになかった研究の自由とそれを保証する教授会を中心とした大学自治制度が形成され，テキスト講読型の講義よりもゼミナールに重点を置いた。ベルリン大学はそうした研究と教育のための新しい「近代大学」として歴史に登場し，以後，世界の大学システムに非常に大きな影響を与えることとなった。

　一方，新大陸アメリカの大学は，イギリスのケンブリッジ大学を範とし，キリスト教団のための聖職者養成を目的として1636年に創られたハーバード・カレッジをその嚆矢とする。それに続く草創期の大学は，皆そうしたイギリスをはじめとするヨーロッパとの関係性を持っていた。しかし，独立戦争によってかつての宗主国イギリスとの種々の関係が絶たれると，それに代わって地域社会が大学を支える母体としての機能を果たすようになる。そのことが，新大陸ならではの地域性や風土の影響を色濃く各大学に与える要因ともなったのである。また，同時に，後発国として健全な教養ある中間層を意図的に育成しなければならないという社会的要請もあった。そのようなアメリカの大学の地域や社会との良好な関係性は，彼らが範としたヨーロッパの大学が，絶えず都市住民と葛藤してきた（「タウンとガウンの対立」）ことと比べ，極めて特徴的であると言える。1862年のモリル法の成立とそれによるランドグラント大学（州立大学）の相次ぐ設立は，アメリカにおける大学と地域社会との強い紐帯（つながりや関係）の一つの到達点でもあったのである。そうした出自から，アメリカの大学は中世ヨーロッパの大学にはない新たな機能，すなわち，「地域社会への貢献（社会サービス）」と健全な市民

層の形成という機能を獲得したのである。

　新興国家アメリカにおける健全な教養ある市民層の形成という課題は，ヨーロッパ的なエリート養成という目的とは相容れない側面を持っていた。それにもかかわらず，南北戦争後のアメリカ社会では，産業振興のため，特にドイツの研究大学に依存しない高度な研究開発の機能をも大学に求めたのである。こうした，ある意味で矛盾とも言える社会的要請を，アメリカの大学は，教養教育のための学部の上に研究開発と研究者養成のための大学院を設けるという方法によって解決した。1876年に開学し，その後次々に各分野の大学院を設置していったジョンズ・ホプキンス大学（東部メリーランド州）がその最初のモデルとなった。こうした，いわば「二階建て」の構造は，大学後発国アメリカにおいて初めて実現し得たものである。また，その大学院の範となったドイツの研究大学にはなかった修士（マスター）の学位を社会に定着させ，MBA（経営学修士）取得者に代表される高度専門職業人を大量に育成するようになったことも，アメリカ大学の顕著な功績の一つである。アメリカの大学は，そうした特異なあり方によって，20世紀半ば以降，世界の大学教育をリードし続けるようになったのである。

　一方，日本の近代大学の出発点は，ようやく19世紀後半になってのことである。何よりもその後発性が日本の大学の特徴を形作る最大の要因となっている。というのも，その出発点において既にヨーロッパの大学システムは大きな改革を果たして近代大学の完成形に近づいていたし，新大陸における大学システムもその全体構造が完成しつつあったからである。従って，日本の大学は，ある意味でモデル過剰の状況にあったとも言える。その中で，明治初期の指導者たちは，当時富国強兵政策を前面に打ち出し，英仏に迫っていたプロイセンに範をとり，その大学システムの導入を基本に据えたのである。つまり，帝国大学（国立大学）を

中心とした国家枢要の人材養成のための大学システムである。帝国大学は，したがって，何よりも官吏養成のための機関として創設された。しかし，日本においても産業の近代化とともに，さまざまなタイプおよび階層の人材養成が求められるようになった。市民大学やポリテクニック（英），ホッホシューレ（独），グランゼコール（仏）の一部がそれぞれ担ったようなそうした大衆教育的な機能は，戦前の日本では私学や各種専門学校が担うこととなり，日本的な二重構造が形成されることとなった。第二次大戦後は，アメリカの圧倒的な影響下に置かれることとなり，アメリカモデルの新制大学が数多く発足することとなった。しかし，戦前期に既に確立していたドイツを範とした大学システムもその基本部分では根強く残っており，その二面性が現在の日本型大学システムの大きな特徴と言ってよいだろう[2]。

### （3）高等教育の三つの機能

これまで見てきたような歴史的経緯により，今日の高等教育機関，とりわけ大学には，次のような三つの社会的機能があることが指摘されている。

① 教育（人材養成）：高度な知識や技能を伝達し，専門職業人を養成するとともに，産業部門における労働市場へと人材を供給する機能
② 研究：自然，社会，人間，文化にかかわる現実世界を理解し，解釈することで，これまで受け継いできた学問体系へと知の蓄積を行う機能
③ 社会貢献（社会サービス）：一般市民が行う社会活動に対し，高度な専門的知識を伝達したり技能を提供したりしてその活動を援助する機能

---

2) たとえば，今日の日本の大学では，領域によって卒業に卒業論文を課す場合と，単位の修了をもって卒業要件とする場合とが併存しているが，これなどもドイツ型（前者）とアメリカ型（後者）の二側面が残った結果だと言える。

ただし、これらの機能は、皆同程度に重視されているわけではない。時代によって、社会によって、また立場によってその重心には差異がある。たとえば、20世紀初頭、マックス・ウェーバー（Max Weber）は大学教員の中に教育ばかりを重視して研究を軽視する傾向があることを批判しているし[3]、現代日本の大学では、学生への教育と社会貢献を研究に比して著しく軽視する教員の態度がしばしば問題にされる。三つの機能のバランスの取れた大学は、現代にあっても希有のものと言わなければならないだろう。

## 2. 大学への進学と社会化機能

### （1）高等教育への進学

次に、そうした高等教育への進学の意味について見よう。先に挙げた大学の三機能のうち、特に社会化と選別の機能について見ていこうと思う。まず、選別の機能である。初等教育と前期中等教育のような義務教育段階では、学齢に達した適齢者がすべてその教育に参加する。しかし、高等教育段階では必ずしもそれが義務となっているわけではもちろんない。社会によってもその比率は大きく異なるが、適齢者の一部のみがその教育に参加することになる。どの程度の人々が参加するかを表す指標が高等教育進学率である（図9-1）。

日本の社会は（韓国などとも共通しているが）、明治期以来、より高い学歴が社会的成功のための最も重要なファクターとなっており、相対的に過少な進学機会の獲得に向けて多くの若者が競い合うという構造が定着していた。そのため、受け入れる教育機関の側が一方的に入学者を

---

[3] 百年近く前の1919年、ウェーバーは『職業としての学問』と題する講演の中で、学問を職業とする大学教授の「教育」と「研究」という使命の二重性について、「大学は研究ならびに教授という二つの課題を等しく尊重すべきである。とはいえ、これら二つの才能を兼ねそなえた学者の出現はまったくの偶然に待つほかはないのである。」と指摘している。（ウェーバー『職業としての学問』1980年、19頁）

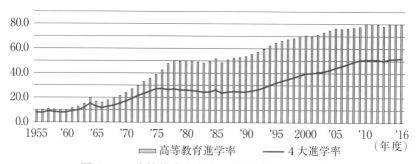

**図9-1　高等教育進学率の推移（1955〜2016）**
（文部科学省『学校教育基本調査（2017年）』より）

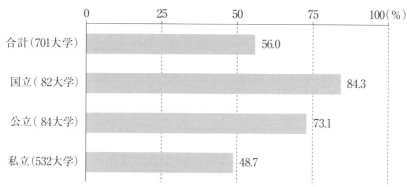

**図9-2　大学種別一般入試入学者の比率（2015年度入学者）**

注）合計には省庁大学校3校を含む。
　　一般入試入学者率＝一般入試（センター利用を含む）入学者数÷全試験種入学者数

資料）螢雪時代編集部『2016年度用 大学の真の実力 情報公開BOOK』旺文社（2015年9月），読売新聞教育ネットワーク事務局『大学の実力 2016』中央公論新社（2015年9月），アエラムック教育編集部『大学ランキング 2017年版』朝日新聞出版（2016年4月），日本私立学校振興・共済事業団『大学ポートレート（私学版）』WebSite，旺文社「大学受験パスナビ」WebSite，各大学WebSite等より作成。

選別することができたのである。しかし，そのことが，他に類を見ないほどの激しい受験競争につながり，高度成長期の末期には，「受験戦争」「受験地獄」といった表現で強く批判されるようになった。

　そこで1970年代以降，入試制度改革が大学教育に関する最重要課題の一つとなった。入試は社会的に重要な関心の対象となり，従来の受験技術コンテスト的な方法が批判されることもしばしばであった。まず1979年に導入された共通一次試験，そして85年の臨時教育審議会第一次答申の「大学等入試の多様化」提言により，そうした受験戦争の状況は大きく変化した。共通一次試験はその後，1990年より多様な利用が可能な大学入試センター試験となった。加えて1992年以降，18歳人口の急減期にも直面することになったため，私立大学をはじめとして，推薦やAO入試など，多くの大学等で入試方法が多様化することとなった。

　現在では，図9-2に示したように，入学者の半数近くが一般の学力試験を受けずに推薦もしくはAO入試で選抜されている。そのため，新入生の学力不足が問題視されるようになり，公正で実効ある入試方法を求める議論も盛んになった。そうした議論の結果，2021年1月からは現行の大学入試センター試験に代わり，「大学入学共通テスト」[4]が実施されることとなった。

**（2）大学等における教育内容の基準**

　高等教育内部の教授内容はどうだろう。具体的な大学等の内部での社会化について見ていくことにしよう。まず，その水準である。大学での社会化は，初等，中等教育と異なり，全国一律の学習指導要領や検定教科書でそのカリキュラム内容が決まっているわけではない。また，教育する教員の側の質が統一的な教員資格制度や都道府県ごとの教員採用試験といった基準で統制されているということもない。つまり，形式的に

---

4）2021年1月から実施される大学入学共通テストでは，従来のマークシート式に加えて記述式が取り入れられ，論理的思考力や英語の実用能力が試されるなどの工夫がなされる。ただ，その有効性については議論も多い。

カリキュラムや教育の内容は各教育機関，そして個々の教員に一任されていることになる。しかし，まったくの放任というわけでもない。そこには，大きく見て四つの基準またはそれに準ずるものがあると思われる。

　その一つは「大学設置基準」というものである。大学設置基準は，文部科学省（当時は文部省）が学校教育法第3条の規定に基づき，大学を設置するための最低基準を定めた1956年の省令である。この規定は，大学全体，または既存大学内に学部や研究科を設置する際に，組織・教員の質と量・学生定員・カリキュラム，蔵書数，校地面積，設備等々について最低基準のクリアを求めるというものである[5]。そして，それを審査するため，文部科学省は有識者からなる大学設置審議会というものを常設している。大学設置基準は1991年の法改正（設置基準の大綱化）により緩和され，入り口を広くしたが，そのかわり，一定期間の後に大学評価機構等の評価を受ける「事後チェック」制に移行している。

　ついで，「各種資格試験」である。医師，看護師，建築士，弁護士，教員，公認会計士等々の職業資格試験あるいは採用試験のレベルと内容が，それを目標とした教育を行う大学等のカリキュラム内容やその水準を決定していると考えられる[6]。また，「卒業生就職状況」も，大学のカリキュラム内容決定の重要なファクターとなる。卒業生の就職状況は，教育のアウトカム（成果）としてその大学がどれだけ充実した教育内容を持っているかを見る際の好適な指標と考えられているからである。近年では特に卒業生の質と量を維持し，さらによりよいものにしていくための教育内容や方法が工夫されている。最後は「入学者学力」である。卒業生がアウトカムであるのに対し，インテイク（受け入れ），またはインプットと言ってもいいだろう。本来は大学の教育力を直接表示する

---

5) こうした認定方法は，チャータリング・システム（chartering system）と呼ばれている。

6) こうした職能団体や資格試験団体による認定方法は，アクレディテーション・システム（accreditation system）と呼ばれている。

指標ではないにもかかわらず，日本では戦後長い間，大学の質や格といったものが入学者の学力水準（いわゆる「入試模試偏差値」）によって測られてきたという背景がある。その結果，教員の教育への熱心さが不十分で，全体としての教育力が著しく低かったとしても，伝統によるハロー（後光）効果，看板効果によって入試模試偏差値の高い入学者を集める大学が"一流大学"とされてきたのである。

### （3）高等教育段階での社会化

前段でも触れたように，統一的な学習指導要領も教授資格試験もなく，教科書の公的基準もない高等教育では，実際のところ，学生の社会化には顕在的なカリキュラム以外の要素が初等・中等段階よりも多く関わってくることになることは避けられない。武内清は，そうした高等教育機関での社会化の諸要素を，実証的な調査に基づき，図9-3のようにまとめている[7]。

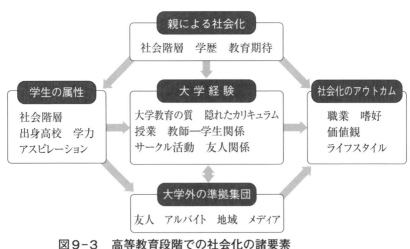

**図9-3　高等教育段階での社会化の諸要素**
（武内清「学生文化の実態と大学教育」より）

---

7) 武内清「学生文化の実態と大学教育」(2008年) 10-11頁。

図9-4　大学の伝統的なカリキュラム構成の例

　教育の直接的な要素であるカリキュラムや教材以外にも，実にさまざまな要素が関わっていることが分かる。初等・中等段階では最も重要なものの一つである「授業」や「教師―学生関係」は，多くの要素のうちの一つにすぎなくなっているのである。

　とはいえ，高等教育機関に入学した学生がその公式な，つまり顕在的なカリキュラムによって強く社会化されることはもちろん否定できない。その公式の教育には，通常，就学期間の前半にある一般教養教育と，後半に設定された専門職業教育の二類型がある。前者はいわゆる一般教養と呼ばれているもので，アメリカの大学に由来する，健全で安定した中間階層の形成を目指すものである。後者は，専門教育と呼ばれ，高度専門職業層の形成を目標とするものである。その二類型の内容を従来型の伝統的なカリキュラムで見てみよう（図9-4）。

　実際には大学によって多少の違いはあるものの，図にあるように，大枠で見れば，従来は1年次に教養教育が始められ，2年次の後半から3年次にかけての時期に専門教育が開始されて，職業人教育はほとんど行われず，4年次になって就職ガイダンス等を含む職業紹介が急ごしらえで行われるのが標準的な様式であったと言ってよいだろう。

## 3. 大学教育の変容

### (1) カリキュラムの変化

ところが近年,主に私立大学のカリキュラムに大きな変化が生じている。それは,大きくまとめるとキャリア指向と構成の柔軟化ということになるだろう。実際にある私立大学で実施されているカリキュラムをもとに一般化して示したものが図9-5である。

このようなキャリア指向性の強いカリキュラムは,現在とりたてて珍しいものというわけではなく,多くの大学（特に私学）でしばしば目にするものになっている。つまり,先に見た中世大学,そして研究大学の持っていた学理中心の系統的な知の基準ではなく,実社会への人材供給のための実際的な教育訓練の基準に重点が置かれる教育機関が多くなってきているということである。これは,「大学の大衆化」[8]と言われる現象の最も顕著な側面だということができるだろう。

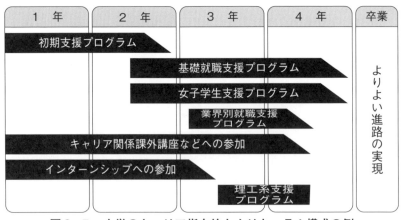

図9-5　大学のキャリア指向的なカリキュラム構成の例

---

8) 大学大衆化は,群衆化,巨大化,多様化,細分化といった量的な大衆化と,学生および教職員の質の大衆化という二つの側面を持つ。（市川昭午編『大学大衆化の構造』1995年,26-29頁）

### （2）学歴と高等教育後の進路

　大学の大衆化により，その社会的意味も変わってきた。従来，高等教育の卒業資格つまり大卒学歴には，次のような二側面があると指摘されてきた。その第一は，実質的な意味で，大学等での学習で獲得した知識・技能等の量や程度を表す指標あるいは専門的職業への適格性を表す指標として機能するというものである。もう一つは，象徴的な意味で，一般化された能力としての学力達成の指標であったり，労働市場新規参入者の差別化を正当化するための指標であったりするものである。これはまた，実質的な学歴の機能のうち，職業適性の代理指標として働くと考えることもできよう。

　この二つの学歴機能のうち，まず早い時期に実質的な学歴の意味が希薄化し，ついで，近年，象徴的な意味も薄れつつあるというのが現実である。大卒学歴は，図9-6にあるように，従来分節化された労働市場と明確な関係を持っていると考えられてきた。

　しかし，それすらも大きく変化しつつあるように思える。それに関し

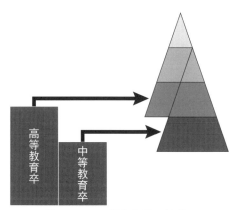

図9-6　学歴による労働市場分節化のイメージ

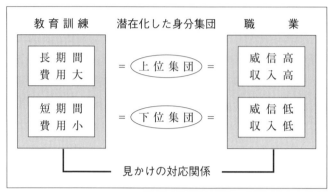

図9-7　職業階層と教育との関わり

て，別の観点から教育訓練の効果と職業についての関連を見ておこう。機能論的に考えれば，教育訓練は，それに多くの費用と長い時間がかかったほど，それによって得られる職業は収入も威信も高いものでなければ割に合わないということになる。同様に，ある職業に就くための教育訓練が費用も時間もさほど必要としないものであれば，収入や威信が高くなくても人は集まる。しかし，現実はそのように動いているのだろうか。実際には，図9-7に示したように，出身階層に上位のものと下位のものが存在し，それぞれ上位集団が長期間費用大の教育訓練機会および威信の高い高収入の職業と対応し，下位集団が短期間費用小の教育訓練機会および威信の低い低収入の職業と対応しているという潜在的な現実があり，機能的な対応関係はその表面的な表現形態にすぎない，という考え方もある。しかし，これは社会階層の固定化とも関わりの深い重要な問題であろう。より詳細な実証的検討が必要である。

## 参考文献

市川昭午編『大学大衆化の構造』（玉川大学出版部，1995年）
ウェーバー，尾高邦雄訳『職業としての学問（改訂版）』（岩波文庫，1980年）
潮木守一『フンボルト理念の終焉？現代大学の新次元』（東信堂，2008年）
武内清「学生文化の実態と大学教育」『高等教育研究』第11集（日本高等教育学会，2008年）
米澤彰純『高等教育の大衆化と私立大学経営』（東北大学出版会，2010年）

## 研究課題

① 歴史的に付加されてきた大学（高等教育）の社会的機能は，現代日本の大学の中でどのように活かされ，またどのように停滞しているのか，身近な大学などの例からまとめてみよう。

② 近年，高等教育の大衆化に伴い，教員，学生，カリキュラム，入試，卒後の進路等々にどのような変化が生じているのか，具体的に挙げて整理しよう。

③ 日本では，今後も高等教育の大衆化が進むと思われるが，それにともなう教育の質の低下に各高等教育機関や文科行政はどう取り組んでいこうとしているのか，ホームページの検索などを通して調べてみよう。

# 10 | 教育政策 ―自由と平等のはざまで―

　2006年12月，戦後半世紀以上も改正されることなく日本の教育の根幹となってきた教育の憲法とも言われる教育基本法の改正案が参議院を通過，即日成立した。旧法と比べ，道徳教育，愛国心，生涯学習，家庭教育などが明示されたという特徴があり，そのことが大きく取り上げられたが，それにも増して，第16条で「教育は法律の定めるところにより行われるべきもの」と規定されたことの意義は大きい。しかし，教育と政治との関係はそれ以前から強かったのである。ここでは，現代日本の教育システムとその運営に必然的に深く関わってくる政治および行政について考えていく。

臨教審第四次答申が岡本会長から中曽根首相に手渡された。会長の満面の笑みと首相の少し暗い後ろ姿が印象的である。　　Ⓒ朝日新聞社／ユニフォトプレス

《キーワード》　近代市民社会，国民国家，教育行政，学習指導要領，教育基本法改正，国旗国歌法，Pledge of Allegiance，46答申，臨教審答申，構造改革，新自由主義，新保守主義

## 1. 教育と政治の緊密な関係

### (1) 近代国民国家と教育

　現代の日本社会の教育と政治を考えるにあたって，まず日本のような近代国家において，なぜ教育と政治の関係が密接なものとならざるを得ないのか，その根源的な部分を整理しておくことにしよう。世界の諸地域では，時期的な前後はあるものの，フランス革命に代表される17世紀から19世紀にかけて起こったさまざまな革命，あるいは絶対王制下の諸改革等により，それまでの土地所有に基礎を置く封建制社会から近代市民社会へと社会が大きな変化を遂げた。成立した近代市民社会では，ほぼ同一の民族からなる共通の市場，共通の言語，度量衡の統一，通貨の統一，財物の価格の大筋での均等化といったさまざまな統合が目指されることとなった。そのことは，それまで自然経済のもとで自給自足的な生活をしていた地域共同体における人と財物が，一気に市場経済に取り込まれるということを意味していた。それによって，各国の経済圏は大きく拡大し，互いに競い合うようになった。意識されることのなかった国境と国家の確定という課題が，急速に重要事項となって要請されてくるのである[1]。

　こうした経済的な変化は，政治的には対外的にまとまった自国の存在とアイデンティティを示すという意味で，国民国家（nation state）の成立を要請する。国民国家とは，自国意識と共属意識によって成立した排他的な主権を有する政治的統合体である。その成立には，おおむね次のような要素が必要とされる。

① 国家的アイデンティティの成立（民族の擬制）

② 単一の中央政体

---

1) 周辺国からほとんど意識されることのなかった絶海の孤島が，周囲に豊富な地下資源があると判明したとたんに国境策定に関わる大きな争点となってクローズアップされるようになるというのも，これときわめて似かよった状況である。国境は愛国心や伝統ではなく，経済や軍事力が決めていくものなのである。

③ 言語，文字，度量衡，通信手段等の統一
④ 通貨，財物の価値水準，市場構造等，経済システムの統一
⑤ 法システム，司法，警察，軍隊の統一

　もちろん，その全てが十全に達成されることはむしろ希であるが，国民国家では，少なくともそれらの達成を目指して社会システムの整備が進められることとなるのである。

　そのような近代国民国家は「国民」によって構成され，支えられるのであるが，そこに住む住人がすべて生まれながらにして国民国家を支える国民であるわけではない。その成立からして人工的である国民国家の国民は，国民として作られなければならないという一種の宿命を有している。というのも，そこで生きる成員としての国民には，種々の後天的ですぐれて社会的な資質や働き，能力が求められることになるからである。国民として求められる資質や働き，能力は次のようなものである。

① 生産活動への参加：勤務時間の遵守，職務上の義務や責任の理解
② 消費活動への参加：商品と通貨の交換に関する基本的な理解，通貨の使用法，計算法の知識と理解
③ 社会生活への参加：法規範や国民義務の理解と遵守
④ 家庭の健全な運営：家計の維持，子どもの基本的な社会化

　要するに，国民には，生産し，消費し，生産と消費以外の社会のシステムにも参加し，社会の最小単位集団である家族を維持するための資質や能力が求められるということである。

　意図的意識的に形作られた国民国家では，将来の国民も意図的意識的に社会化されていかなければならないが，そこにこそ公的権力が公的資源を用いて一定の強制力を行使しつつ，教育に携わっていく根拠と意味がある。つまり，近代国民国家にあっては，教育は福利厚生の一環などではなく，国防や生産活動などと同レベルの政治の対象だということで

ある。

### (2) 現代社会における教育行政の枠組み

さて,近代国民国家と教育との関係について基本的な確認をした上で,ここからは現代の日本社会に見られる教育と政治との関わり,そして教育行政の枠組みについて見ていくことにしよう。図10-1は,国民(住民)と行政,および教育との相互の連関を図示したものである。

この図には,教育に関する意思決定が,最終的には,国の場合は文部科学省によって,また地方公共団体の場合は首長によって行われていくのだということが示されている。もっとも,その首長は地域住民の選挙によって選ばれ,文部科学省の最終責任者である文科大臣も法律によって国会の意思を尊重しなければならないのであるから,形式的には最終的な意思決定は住民または国民がすることになる。

ただ,国会は,教育基本法改正のような法律に関わる決定および政策

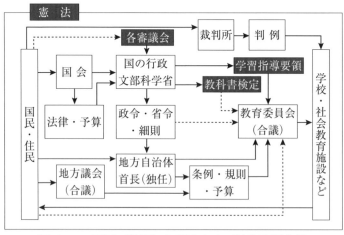

図10-1 国民(住民)と行政および教育の関わり

遂行のための予算の決定を行う場であり，国民の負託を受けた議員も，その範囲内でしか決定に参加することはできない。したがって，実際の政策遂行に関わる意思決定には，国（省庁）の方針や意思決定が最も強い影響力を持っており，その原案を大筋で決めるのが官僚であるため，国民が重要な意思決定に参加しているという意識を持つことは非常に難しい。もちろん，文部科学省の官僚といえども，勝手に政策的な決定を行うわけにはいかない。独断専行を避けるため，国民の良識の代表（有識者）たる委員によって構成される審議会（中央教育審議会，大学設置・学校法人審議会など）が，大臣の諮問に対して行う答申に従って政策決定をすることになっており，その仕組みのみが教育の分野における国民主権を担保しているとされるのである[2]。

### (3) 学習指導要領

図10-1でも見たように，国の教育行政の基本的な部分に関しては，文部科学省がその決定権限を持っていると言ってよいのであるが，その行政の方針や政策意図は最終的に各地方自治体に設置された教育委員会を通じて体現・実行されることになる。その際，国が目指す教育内容や方法を末端の学校や各教育施設，保護者，そして子どもたちにまで行き渡らせる上で，最も重要な役割を担っているのが学習指導要領と検定教科書だと言ってよい。そこで，まず学習指導要領について少し詳しく見ていくことにしよう。

そもそも学習指導要領とはいかなるものなのだろうか。一つの国民国家では，先に見たように，国家・国民としてのアイデンティティを持ったり，共通の法システムを受け入れたり，あるいは共通の生産・消費シ

---

[2] ただし，実際の審議会答申の原案は，ほとんどの場合，専門の中央官庁職員が作成する慣例となっており，審議はそれから大きく逸脱しない範囲で行われることが多いために形骸化しているという批判も多く，審議会の存在意義についても全く疑義がないわけではない。また，"有識者"も中央官庁と関係のある特定少数者に固定化する傾向があり，その点でも批判は多い。

ステムの中で生活するため，最低限必要な合意に基づいた教育内容で子どもたちが社会化されていく必要がある。「趣味が違う」というような理由で，現場が国と異なる自分勝手な教育を施すことは国民国家にあっては社会の存続に関わる非常に危険なことなのである。そこで，国は何らかの形で，一定程度の教育のための基準を設けることになる。それは，教育基本法のように抽象的で理念的なものではなく，たとえば何年生までにどの程度の漢字の読み書きができるようになっているべきか，とか，九九は何年生までにすべて言えるようにするか，日本国憲法はどう理解させたらよいか，といったきわめて具体的な事柄に関する基準である。こうした内容を詳細に定めているのが学習指導要領なのである[3]。

　ただ，その位置付けについては，必ずしも国民的合意ができているわけではなく，文部科学省も，文部省時代から全くぶれずにいたわけでもない。特に，その拘束性に関しては，「最低基準（ミニマム・スタンダード）」や「参考」，「拘束性のある規定」等々，見解が必ずしも一貫していない。そうではあっても，形式的には，学校（学校教育法一条項）における国が定めた教育課程の基準，と定められている。策定された指導要領は，学校教育法・学校教育法施行規則（省令）の委任により，文部科学大臣が告示（官報によって）することとされている。したがって，その性格上，法規の一種と理解され，各地の教育委員会や学校にもそうした強制力のあるものとして受け入れられているのである。

　歴史的に見るならば，学習指導要領は，終戦のすぐ後，GHQの指導によって導入されたものである。正確に規定されているわけではないものの，おおむね10年ごとに見直され，新たな要領が策定されてきた。終戦のすぐ後から2018年までに9次にわたる要領が出されている。

---

3）教育の内容についての統制方法としては，国定教科書を作った上で，それを用いて教育する教師を育成するための師範教育を国家統制のもとに置き，教師の思想や教育観，資質の水準を一律なものにしていくという方法も考えられる。戦前の日本は，そうした考え方のもとに義務教育を統制していたのである。

**（4）学習指導要領の変化**

　戦後これまでに出された学習指導要領の特徴を告示年順に見ていくことにしよう（表示年は実施の年度ではない）。

① 1947年　アメリカの Course of Study（「学習の道筋」）をモデルとして，初めての試案（手引き）が策定される。……生活単元学習・生活経験学習・問題解決学習

② 1955年　独立国家として最初の要領を策定し，「試案」を削除する。……生活単元学習から系統学習へ

③ 1958年　国家の教育基準としての性格を明確化し，法規性・法的拘束力（最低基準）を初めて公示。

④ 1968年　教育内容を現代化し，著しい科学技術の進展に応じた教科内容の増大を行った。……現代化カリキュラム・新幹線授業

⑤ 1977年　教科内容の精選と削減を初めて行った。その上で，'落ちこぼれ問題'への対応'ゆとりの時間'の導入を行った……ゆとりカリキュラム

⑥ 1989年　「新学力観」が登場し，新しい時代の社会変化に自ら対応できる心豊かな人間の育成が目指された……新学力観カリキュラム・「生活科」「公民科」等の新設

⑦ 1998年　「生きる力」の育成が重要視され，自ら学び自ら考える子どもが目指された。「総合的な学習の時間」が創設され，学校週五日制の完全実施が指示された。……学力低下論争が起こり，2003年に一部改正されて要領は「最低基準」であることが確認された。

⑧ 2008年　新学習指導要領として策定されたが，「生きる力」の継続が強調された。「ゆとり教育」は否定されていないが，30年ぶりに時間数の増加が行われ，基本基礎の重視，「総合的な学習」の時間削減が行われることになった。その削減分を用いて，国語や算数，

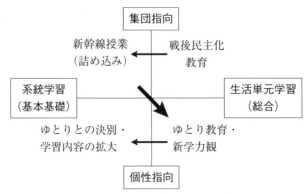

図10-2　学習指導要領類型の変遷

　　数学，理科などの主要教科は10％から30％程度，時間数が増加することとなった。
⑨ 2018年　検討の過程でゆとり教育との決別が宣言され，同時に「質の高い理解を図る」ことを目指してアクティブ・ラーニングの導入が提案されたが，学校現場などからの反発もあり，アクティブ・ラーニング等の文言は避けられることとなった。

　このように変わってきた学習指導要領を大づかみに学習内容の軸と学習形態や方法の軸とで象限を分け，類型の変化を概略図示したのが上の図10-2である。

## （5）政治の方向性と教育

　これまで見てきたように，教育はその時々の政治と離れては存在することができない。たとえば，国会で論議され議決された2006年の教育基本法改正や，1999年に公布された国旗国歌法のような公教育に直接関わるような決定が，往々にして国単位でなされるのである。この国旗国歌法は，決定の前後に多くの国民的論議を呼んだが，与党の賛成多数で決

したその内容はすぐに学習指導要領や省からの通達等に反映され，各地方自治体の教育委員会を通じて各学校にまで指示が行き渡った。

　こうした国の決定は，また，検定教科書の内容にも大きな影響を与えずにはおかなかった。周知のように，国旗国歌法に代表されるような国家主義的な傾向が，日本の歴史と伝統を肯定的に見直すという思想的傾向の呼び水となり，国家史的な新しい視点からの歴史教科書も編集され検定を通過することになったのである。このような教科書に関しては，賛否の激しい議論が展開され，国際的にも，アジア各国からの批判が相次いだことは記憶に新しい。

　このような状況は，何も日本だけの問題ではなく，今日，他の国や社会でもしばしば見られることである。たとえば，アメリカの公立小・中学校や幼稚園では，すべての学校というわけではないものの，毎朝，児童生徒が，アメリカの国旗，星条旗に向かって右手を左胸にあて，「忠誠の誓い（Pledge of Allegiance）」を唱えている。アメリカの子どもたちの多くがそらんじているその内容は，以下の通りである。

　　I pledge allegiance to the flag of the United States of America, and to the republic for which it stands, one Nation under God, indivisible, with liberty and justice for all.（「私は，アメリカ合衆国の国旗と，その国旗が象徴する国家，神の名のもとに統一され，不可分にして，すべての人々に自由と正義が約束された共和国に，忠誠を誓う。」）

　こうした誓いは，多民族国家アメリカの安定と国民的連帯には不可欠であって，断固続けるべきだという強い主張もあるが，まだ判断力が十分でない子どもたちに日常的に暗唱させることに対しての反対も多く寄せられている。内容的にも，「神の名のもとに」という表現は，キリス

ト教徒以外の反発を呼びやすいものであり，現在でもアメリカ国内で賛否両論の議論が続いているのも事実である。

## 2. 教育と政治をめぐる変化

### (1) 変化とその背景

日々の教育実践を見ると，そこで展開しているのは子どもたち，生徒たちと教師との関わり合いの姿や，集中して学んだり遊びに興じたりしている子どもたちの姿など，おおよそ国の政治とは無縁の世界のように思えるのであるが，実はその根本的なところで，教育と政治は深く関わっているのである。図10-3は，戦後今日までの教育行政の変化とその政治的な背景について概略整理してみたものである。

このような変化が目に見える形で登場してきたのはごく最近になって

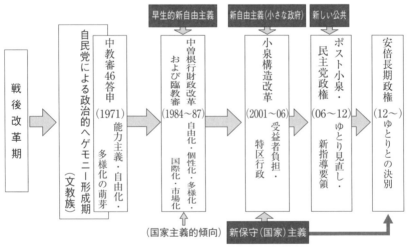

図10-3　教育の政治的背景（概念図）

からのことだが，実はその背景に，以前からそうした変化を準備した理念的，政治的，経済的，さらには国際情勢に関する大きな潮流があった。1980年代，中曽根内閣の時代の臨時教育審議会（以下，臨教審）における議論がそれである。既に約40年も前の話になってしまったが，その臨教審こそ，今日の教育改革の具体的な様相がすべて俎上に並べられ，議論され，答申された，教育改革をめぐる動きの中でも最も重要なマイルストーンであったと言える。しかし，そこにいたるまでに教育の理念や体系に関する長い議論の変遷があったことも忘れてはならない。

　第二次大戦終結後，しばらくは占領軍の強い影響力を受けた戦後教育体制が続く。日本は1951年のサンフランシスコ講和条約締結により独立国としての新たな歩みを始めるが，1960年代の高度経済成長を通じて大きく変化した社会経済への対応が求められたという背景もあり，第8期と9期の中央教育審議会（以下，中教審）に対して，政府は学校教育の総合的な拡充整備のための基本的施策を立案することを諮問した。4年間という長い検討期間を経て，1971年，昭和46年に，中教審は学校教育全般にわたる改革案，いわゆる「46答申」を出した。これは，「第三の教育改革」を標榜した，当時としては画期的とされた改革案であった[4]。

　答申を受けて，文部省は「教育改革実施本部」を設置し，答申の実現を図り，高等教育の充実，幼稚園の普及，教員待遇の改善などを速やかに実施したが，他方，6・3・3制の見直しや幼稚園と小学校低学年までを一貫する学校や中高一貫校，大学など高等教育機関の種別化・類別化など基本的制度の変更を必要とする改革は，大きな積み残しとなった。そうした大幅な改革は，平等主義の学校制度を崩すものであるという理由から，文部省や多くの教育関係者，戦後教育改革の継承・発展を主張する革新勢力など，左右双方からの強い抵抗にあったためである。

　しかし，1980年代後半になると，非行，いじめ，不登校，受験競争の

---

4）市川昭午『臨教審以後の教育政策』（1995年）2-4頁。

激化などといったさまざまな教育問題が顕在化し，社会問題化されるようになった。それにつれて，その根底にある学校教育の画一性や硬直性を改善していかなければならないという考え方，すなわち6・3・3制の見直し要求が，政界人，財界人を中心に大きくなり，それが中曽根内閣での臨教審の発足とそこでの議論につながっていったのである。文部大臣の諮問機関である中教審と異なり，総理大臣と内閣に直属する位置付けがなされた臨教審では非常に多くの問題が大きな権限を背景に精力的に検討された。その結果，答申では「個性重視」「生涯学習体系への移行」「社会変化への対応」などを柱に，①中等教育の多様化・個性化，②民間活力の導入，③学習指導要領の大綱化，④大学設置基準の弾力化……等々が提案されることとなったのである[5]。

　臨教審答申がそうした内容のものになった背景には，二つの大きな時代的潮流があったと思われる。それは，「新自由主義」と「新保守主義」である。この二つの概念には，立場によりいくつかの解釈があるが，ここでは次のように考えていこうと思う。まず新自由主義は，国家の管理を排除して，さまざまな分野の問題の調整を，「民間（市場）でできることは民間（市場）に任せる」というようにできるだけ市場の自由な競争を基本とした調整機能にゆだねようという考え方で，当時のアメリカにおけるレーガン共和党政権が主としてその基盤に据えていた理念として有名である。新自由主義は原則として国際協調主義に立つが，それも少しうがった見方に立てば，各国の経済市場をアメリカ市場に向けて開放させることを目的とした経済自由化がその根底にあったと言ってもいいだろう。一方の新保守主義は，イギリスのサッチャー保守党政権がその代表と言われるが，従来の伝統的保守主義に代わる新しい保守理念として，その時期，日本でも台頭してきた考え方である。東西冷戦の終結という国際環境の中での国家主義，愛国心による国民統合などをその内

---

5）臨教審答申の内容については，渡辺蒽『臨時教育審議会―その提言と教育改革の展開』(2006年)で詳しく論じられているが，徹底した教育の自由化を目指していた中曽根首相はその内容に満足していなかったと伝えられている。

容とした理念である。そうした時期に中曽根内閣が誕生したのである。

　レーガン政権，サッチャー政権と同様に，日本では中曽根首相の主導のもとに臨教審による教育改革の審議が進められたが，その背景には，他の先進国と同様に，国家財政の悪化をもたらした「福祉国家＝大きな政府」に対する批判があった。教育改革に先行して，国鉄の分割民営化に象徴されるように，福祉や社会サービス予算の削減等による「小さな政府」を実現し，福祉や社会的サービスを可能な限り民間と自由市場の競争で確保するという臨調（第２次臨時行政調査会）による行政改革を積極的に進めたが，その行政改革の考え方を教育改革に適用しようとしたのが臨教審だったのである。しかし，臨教審は，それだけではなく，戦後改革が米国占領軍によって断行されたことで日本の伝統・文化や国家の教育を軽視してきたという認識から，教育にナショナリズム（国家主義，民族主義）を回復，強化することをねらった点で，従来の教育改革とは大きく異なっていると言えるだろう。そこには，自由市場を重視して国際化＝グローバリズムの立場を打ち出していた新自由主義が，1990年代以降，グローバリズムの展開の中で国家的・民族的利害の対立が先鋭化するにつれて，国家としての統合を強化するための国民教育を求めるようになったという背景がある。また，市場化が進展することによって国民の個別化・アトム化[6]が進み，共同体的・集団的連帯が阻害されたことも，愛国心や国旗国歌による国家主義的な教育への指向に結びついたと考えられよう。厳密に言えば，新自由主義と新保守主義との間には対立点，矛盾点も少なくないが，実はレーガン政権もサッチャー政権もともにその両方の側面を持っていたように，一国の政権全体が両者の理念を要素として持っていることはむしろ自然なことだったのであ

---

[6] アトム化（atomization）は，原子化とも言い，国民大衆が共同体とのつながりや組織あるいは家族などの基本的な集団との連帯感を失って，社会の中でバラバラな存在となる状況を指す。大量生産・大量消費のための基本条件ともなり，市場経済をバックアップするが，同時に社会不安の増大や社会解体にもつながる大きな問題性をはらんでいる。

る。

## （2）「臨教審」以降の変化

　公教育をめぐる動きは，臨教審答申の後，次のように変遷してきた。まず，1991年第14期中教審答申は，臨教審答申を受けた教育当局による実質的な「教育改革の開幕宣言」とも言うべきものだった。また，それに続く1996年の第15期中教審答申では，固定的な国家の未来像や計画を教育に押しつけるのではなく，人間性の回復や「生きる力の涵養」を目指した1970年代のいわゆる「ゆとり教育」が再び主唱され，学校週五日制や総合的学習，授業時数・授業内容の削減が提言された[7]。近年われわれがよく耳にする教育論議でおなじみの概念が，このあたりから表面化してくるわけである。

　学校週五日制や「ゆとり教育」が言われてくる背景として，一つには，1980年代に頂点に達していた受験競争の激化，もう一つは，1980年代から1990年代のバブル崩壊以前における日本経済の世界で独り勝ち状況があった。当時の日本経済は，70年代初めの不況を合理化で乗りきったことで，自動車・家電等の大量海外輸出により膨大な貿易黒字を生み出し，アメリカや西欧諸国から「輸出型経済の内需拡大型への転換」を迫られていた。その内需拡大のための一つの方策が週休二日制であり，大人をレジャーに向かわせるための学校週五日制であった。当時，文部省は，受験競争を緩和するために「ゆとり教育」の導入を考えていたが，そのためにはむしろ授業時間や学校日数を大幅に減らす「学校スリム化」は逆効果であると考え，週五日制には反対していた。しかし，政府や政財界，労働界が一丸となった包囲網のなかで，その導入を余儀なくされることになった。文部省は，大幅な学校日数と授業時数の削減という条件下で「ゆとり教育」を実施せざるを得ないという難しい局面に

---

[7]「ゆとり」の概念そのものは，前節でも見たように，既に1970年代の学習指導要領で登場していたが，文部省（当時）は，「学校スリム化」の負の印象を回避するためもあって，「ゆとり」の語を再び用いたと思われる。

立たされたのである。この当初の難しい設定条件こそ，その後の「ゆとり教育」をめぐる諸問題を生み出す最大の要因になったと考えられる。

　その後，小渕内閣そしてその後継の森内閣になると，「教育改革国民会議」が招集されるが，そこでの議論はそれまでの自由化論とは異なり，「ゆとり教育」と並んで「道徳教育」や「教育基本法の見直し」がテーマとなるなど，新保守主義的な色彩が強くなっていった[8]。前段でも見たように，文部省が「ゆとり教育」を提唱し，政府が週休二日制に伴う学校週五日制導入の政策決定をしたのは1980年代であった。しかし，その策を実行する時期は90年代にずれこみ，ちょうどバブルが崩壊して国家財政の悪化が実行時期と重なってしまった。そのことが「ゆとり教育」の行方に大きな影響を及ぼすこととなったのである。「ゆとり教育」は，個に応じた行き届いた教育を要請するが，それに必要な少人数指導のための教員数大幅増を，悪化した経済環境が阻害した。また，経済の国際化＝グローバル化のもとにおける日本経済の長い低迷により，1980年代には「受験競争の弊害」を強く指摘した政財界が一転して学力向上策の強化を主張し始めた。そうした国内外における社会経済事情の大きな変化が，80年代に決定された「ゆとり教育」に対する評価を大きく変え，その変更を迫ったのだと言えるだろう。

### （3）日本の教育行財政の問題点

　最後に，日本の教育行財政に関する問題点をまとめておこう。現在，教育行財政が直面している主な問題点としては，次のようなものが挙げられよう。第一に，基本的理念からカリキュラムそして実際の教授―学

---

[8] 2000年12月に出された教育改革国民会議の最終報告は「教育を変える17の提案」と銘打たれ，その中で「人間性豊かな日本人の育成」「一人一人の才能を伸ばし，創造性に富む日本人の育成」「新しい時代に新しい学校づくり」「教育振興基本計画の策定と教育基本法の見直し」を柱に，「教育の原点は家庭」「全員が奉仕活動を」「学校での道徳教育」「職業観，勤労観を育む教育」「一律主義を改め個性を伸ばす教育」「学校に組織マネジメントの発想」「新しいタイプの学校の設置」「教育基本法の見直しについての国民的議論」等々といった提言が示された。

習過程にいたるまでの国の教育政策が長期的な安定性を欠いているために，主権国家としての一貫した教育理念が見えにくくなっていることである。近年の教育政策はしばしば振り子にたとえられるが，そのこと自体，定見の欠如の表れだとも言えよう[9]。第二に，文部行政の枠を超えて中央が教育の方針を定める結果となった臨教審答申以来，国も地方自治体もともに，行政の長の教育への関与が著しく強くなっていることである。議院内閣制のもとでは往々にして立法と行政の境界が曖昧になることが知られているが，地方自治体においても議案提出権のある行政のトップの権限は絶大なものとなっている。教育政策に現場の声が反映される方途はますます小さなものになっているのが現状である。第三の問題点は，全体として教育に対する公的支出が少ないことである。公財政教育支出の対GDP比は，国際的に見てもかなり低位である。そのことが，そのまま第四の問題である教育費の家計依存の割合の高さにつながっている。そもそも日本は従来から教育の私費負担比率が大きかったのであるが，臨教審以来の新自由主義的教育政策により，ますますその傾向は強まっている。そのことが結果として教育における経済的な面での社会的不公正を拡大させているとすれば，それは大きな問題だと言わなければならないだろう。そして，最後に，現在なお公的な教育支出は停滞的であり，比率の上では減少傾向さえ見られるという点である。

　教育はいかなる社会にあっても正のメリット財の代表的なものであり[10]，常に一定水準での公的な支援を必要としている。現時点での公的教育費用の節減は，長期的に見るならば決して日本社会にとっての益になるとは思われないのである。

---

9) もちろん，あまりに硬直化した牢固な理念が社会にとってかえって危険であることは言うまでもない。
10) メリット財とは，価値財とも呼ばれる。正のメリット財は，経済的な地位や個人の希望にかかわらず広く国民全体が享受するべき財やサービスのことであり，住宅や義務教育などがそれに当たる。また負のメリット財は，それ自体に反社会的な要素があるため，個々人の希望にかかわらず，政府がその取引きを禁止または制限する財であり，麻薬や売春などがその代表的なものである。

## 参考文献

阿部菜穂子『イギリス「教育改革」の教訓―「教育の市場化」は子どものためにならない』（岩波ブックレット，2007年）
市川昭午『臨教審以後の教育政策』（教育開発研究所，1995年）
市川昭午『教育の私事化と公教育の解体』（教育開発研究所，2006年）
小川正人『現代の教育改革と教育行政』（放送大学教育振興会，2010年）
小川正人『教育改革のゆくえ』（ちくま新書，2010年）
渡辺翁『臨時教育審議会―その提言と教育改革の展開』（学術出版会，2006年）

## 研究課題

① 日本では，明治維新直後，他の諸改革に先立って「学制」が定められ，学校教育の体制づくりが始まった。そうした教育重視の政策をとった背景と要因について，考えられることを挙げてみよう。
② 学習指導要領を「教育において達成すべき基準」とした場合と，「実践におけるおおよそのガイドライン」とした場合との予想される教育成果の差異について考えてみよう。
③ 現在の日本のような中央集権的な学校教育システムと，アメリカやドイツといった連邦制国家に見られるような分権的教育システムの得失について，さまざまな資料に当たって調べ，その結果をまとめてみよう。

# 11 | 階層格差 ―教育と職業階層―

　近代社会におけるフォーマルな学校教育は，雇用市場への人材の提供を主要な社会的機能の一つにしてきた。それは，親のさまざまな社会階層に出自を持つ多様な子どもたちを，生産能力あるいは生活能力を基準に社会化し，その達成度合いを判別した上で教育的価値によって選別して職業階層のヒエラルキーの中に位置付けていくという側面を持った営為でもある。学校システムの成立以来絶えることなく続けられてきたその営為の社会的意味と，近年の社会階層の変化について検討する。

高額な食事を楽しむ人々と，炊き出しの食事を求めて公園に並ぶ人々…社会階層の差異は食事をはじめとする生活のあらゆる場面に顕現している。
　　　　　　①©ユニフォトプレス　②©朝日新聞社／ユニフォトプレス

**《キーワード》**　身分，階級，階層，職業，社会的地位，秩序，属性原理，業績原理，社会移動，開放性係数，ジニ係数，相対的貧困率

## 1. 現代社会と階層

### （1）身分から階層へ

　これまで、学校教育に関しては、数回にわたりさまざまな角度から考えてきた。そこでの議論は、子どもの社会化の段階ごとに、学校教育の働きや機能を見ていくという基本的にミクロな観点からなされていた。つまり、「子どもと学校」という観点から学校教育を見てきたわけである。それに対し、本章では、それとは視点を変え、学校教育が社会の構造的なあり方、特に階層構造の形成と変化にどのような影響を与え、効果を及ぼしているか、というマクロな観点から議論を進めていきたいと思う。つまり、「社会と学校」という視点である。

　近代社会におけるフォーマルな学校教育は、子どもたち一人一人を育て社会化していくという役割だけでなく、社会に対して適切な量と質の人材を提供するという重要な機能も果たしてきた。それは、さまざまな家族的背景を持つ子どもたちを、同じ国民として同じ基準のもとに社会化し、その結果の達成度によって選別し、再び子どもたち自身の能力と適性に合わせて職業階層のヒエラルキーの中に位置付けていくというシステムでもある。公的な近代学校教育の成立以来絶えることなく続けられてきたその働きの社会的意味について考えていくことにしよう。

　初めに、次頁の概念図（図11-1）によりながら、近代社会の秩序について前近代社会との対比で考えてみたいと思う。

　現在では産業化した国家を形成している多くの地域で、17世紀から19世紀にかけての時代に、中世的な前近代社会（その多くは封建社会）は大きな転換期を迎えた。それらの地域で起こった市民（場合によっては独立）革命と産業革命という二種の変革を契機に、それまでの自給自足的な自然経済と伝統的な都市共同体は解体を余儀なくされた。近代市民

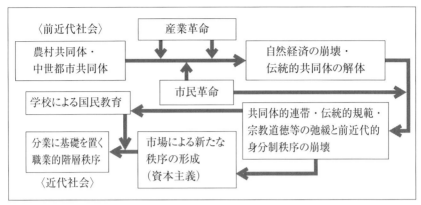

図11-1　前近代社会から近代社会へ（概念図）

社会の成立である。近代市民社会では，それまで伝統的に守られてきた二つの秩序が崩壊の危機に瀕することとなった。一つは，身分制秩序である。どのような社会であっても分業に基づく一定の地位の分化は避けられない。その中に人々が就きたい地位とそうでない地位とが生じることもまた不可避であって，どの地位に自分が配置されるかは，すべての人々にとって最大の関心事であったと思われるが，身分制度は長い間，その配分に絶対的な根拠を与えてきた。身分の高い家に生まれたものが有利な地位に就くという単純で明快な原理である。そうした原理を持つ身分制度が，中世を通じて社会の安定に貢献してきたことは紛れもない事実である。もう一つは，宗教的価値に裏打ちされた規範や道徳，地域的連帯といった精神的な秩序である。もちろん，それらも社会秩序の維持に大きな貢献をしていたことは間違いない。

　しかし，市民革命と産業革命という二つの大変革が，その秩序を崩壊に向かわせることとなった。旧来の領主的土地所有を解体して，新たな生産関係，所有関係を形成するためには，そうした従来の秩序をも攻撃

し，解体する必要があったからである。しかし，それによって人々の規範は弛緩し，道徳は失われ，秩序を保つ上で有効に機能していた共同体内の連帯も大きく損なわれてしまった。革命や変革の熱気は一時人々に高揚した達成感をもたらしたが，やがてその熱気が過ぎると規範が弛緩し，連帯が損なわれた荒廃と混乱の現実を突きつけられることになった[1]。今度は自らの手で社会の新たな秩序の形成と維持という課題に取り組まなければならない新しい支配者達にとって，そうした状況は決して望ましいことではなかったに違いない。

　しかし，新しい社会には，そのジレンマを解決に導く二つの条件が芽生えていた。一つは分業に基礎を置き，市場によって形成される職業的階層秩序であり，もう一つは学校が行う教育である。職業的階層秩序は，身分制に替わる地位配分の原理となりうるものであったし，学校教育は，宗教的価値や規範，人々の間の連帯といったものを新たにつくり出す大きな可能性を秘めていた。その二者が本章での二つのファクターになっていることは，単なる偶然ではない。まさに，近代社会における秩序は，この二つのものを基礎にしてつくられてきたといっても決して過言ではないのである。

### （2）各地位概念の意味

　身分や階層といった概念は，本章での議論において非常に重要である。ここで整理をしておく必要があろう。

○身分（status または estate）

　身分とは，権力関係または法や伝統的規範によって決められた社会的地位の概念である。多くの場合，先天性（生まれつき）と排他性，独占性によって特徴づけられている。そのため，身分制のもとでは，技術や知識など，後天的に獲得される能力とはほとんど無関係に地位が配分さ

---

[1] そのような無規範・無秩序な状況を，デュルケムはアノミー（anomie）と呼んだ。

れることとなる。
○階級（class）
　階級は，狭義には，生産手段の所有と非所有という関係に基づく資本主義に特有の概念であり，後天性（生産手段は努力と才覚によって獲得しうる）と非連続性（生産手段の所有者と非所有者とは明らかに別の存在として区分される）によって特徴づけられている。有産階級，労働者階級などが狭義の階級である。もっとも，広義には，ランキングに基づく社会的な集団を一般的に表現する言葉としても使われることが多い（上流階級，下層階級など）。
○階層（social strata＜stratum の複数形）
　階層は，職業によって機能的に決定された同一の社会的地位を共有する人々の集合体を指す操作的概念であり，もっとも一般的で中立的な層化概念である。階級とは異なり，適応（与えられた役割を適正に果たすことによって得られる）と連続性（最上層から最下層まで機能と役割によって切れ目なく続いている）により特徴づけられる。
　ここからの議論においては，以上のような語意に基づいて，この三者を使い分けていくこととする。
　なお，階層を規定する職業についても，その語義を確認しておくことにしよう。職業とは，単なる労働や仕事とは異なり，「社会の分業体系に組み込まれた，報酬を伴う持続的な労働」を指す概念である。また，①生活のすべてまたは一部を支持しうる収入を対価として得ていること，②社会的分業の有用な一部分を分担していること，そして③個性の発揮と自己実現が行われること，といった要素も必須であろう。その意味では，②と③の要素のみを持つ無給のボランティア活動も，②が決定的に欠けている犯罪も，ともに職業とはいい難い営為だということができよう。

### （3）職業階層と社会的地位

　言うまでもないことであるが，階層という概念には身分や階級同様，社会的地位の上下という要素が必ず付随している。社会的地位は，社会に存在する富や権力，威信，知識などさまざまな資源をどれだけ配分されているかの程度によって決まる。それを具体的に社会的地位の構成要素という観点から図式化すると図11-2のようになろう。

　社会的地位には，まず，何より「経済力」（所得，所有財産，収入等）という要素が関わる。経済力が高ければ地位も高いということである。ついで，「地位獲得のコスト」も関係する。このコストには，金銭的コスト，時間的コスト，労苦，リスクといったものが含まれるが，現代社会においてそれをもっとも総合的かつ端的に表しているものが「学歴」である。さらに，「威信」も欠くことのできない要素である。これは，経済力からも学歴からも独立した独自の指標で，社会的評価あるいは評判といったものに類する概念である。この三者が中心的な構成要素であるが，それに加えて，スポーツ選手や芸能関係者などの社会的地位に関わることの多い「心身能力」，あるいは人や物を動かせる政治力などを示す「社会的資源の動員力」なども，地位に有意に関わっている。

　こうした項目が一貫して高い（低い）場合，地位が一貫していると言

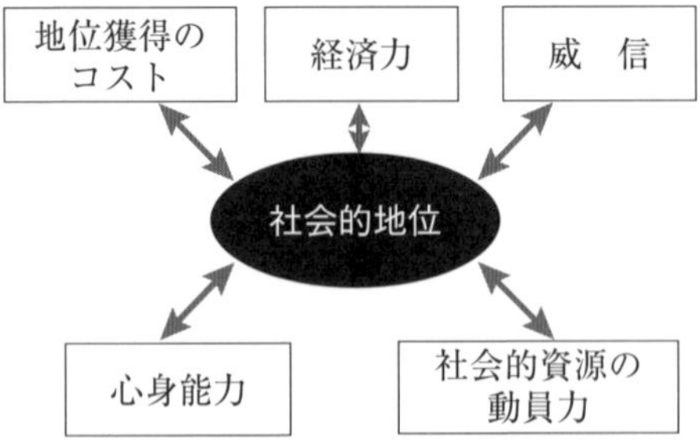

図11-2　社会的地位の構成要素

い，そうでない状態を地位が非一貫的だと言う。社会的地位が一貫しているか否かは，社会によって大きく異なる。アメリカのような市場経済が著しく進んだ社会では，学歴が高ければ経済力も高く，同時に社会的な威信も高い，というようなケースが多いが，日本は，どちらかと言えば，文化的に地位が一貫しないことの多い社会であり，学歴も威信も高いのに経済力は全くない，あるいは経済力はあるのに威信に欠ける，といった非一貫的なケースも決して珍しくない。

### (4) 職業階層とその決定

現代社会の階層は，職業的な地位を基本とするものである。もちろん，近代以前にも社会的地位の違いはあった。しかし，近代社会とはその決定原理において大きく異なっていたと言える。前近代，つまり身分制秩序のもとでの地位決定は，属性（ascription）原理と呼ばれるもので，基本的に，生まれながらに持ち，評価されている象徴的要素（家柄，民族，宗教等）による決定であった。それに対して，職業階層的秩序のもとでの地位決定は，業績（achievement）原理と呼ばれるもので，後天的に達成し，評価された実質的要素による決定である。前近代的秩序から近代的秩序への転換は，とりもなおさず属性原理から業績原理への転換ということでもあったのである。

ところで，その業績原理に基づく地位の配分，つまり職業の階層化はどのように生じるのであろうか。まず，その原理的なメカニズムを見よう。次頁の図11-3は，それを簡単に示したものである。

図に示したように，労働市場では自由競争の結果，製品への需要が高く競争力のある雇主が生産性の高い労働者と，また競争力の低い雇主が競争力の低い労働者とそれぞれ結びつく。また，労働市場は，特定の技能を求める雇主とそれを持つ労働者との結合も仲介することができる。

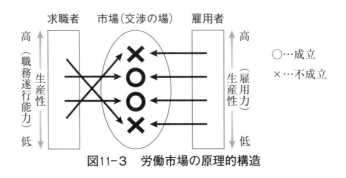

図11-3　労働市場の原理的構造

　もし労働市場が機能せず，生産性の高い労働者が雇用力の低い雇主のもとで働くことになれば，その能力が十分に発揮できないであろうし，逆の場合には労働者が生産の足手まといになってしまうだろう。雇主の要請に合った技能を持たない労働者も同様である。労働市場には，雇主と労働者とを経済的に見て最適に組合せることにより，社会全体の生産力を最大にするという機能が期待されているのである。つまり，理想的な労働市場の役割は，経済的な意味での適材適所の実現にあるということになる。

　17～18世紀のロンドン中心部では，召使いや御者などの職種ごとに雇用市が立ったことが知られている。時間を決め，同じ職種の求職者と求人者が集団見合いのように一堂に会しながら，条件をすり合わせつつ，需要と供給を適材適所にマッチさせていくのである。今日でも，野球選手のトレードや日雇い労務の求人・求職などの中にそうしたプロセスのわずかな名残りを見ることができる。

　ところが，巨大化し，複雑化した今日の日本社会の労働市場では，そのような非効率な決定の仕方はほとんど見られない。現実には図11-4のような構造で，労働市場は組織化，構造化されているのである。
　このような組織化された労働市場の典型的なものは，上級公務員の入

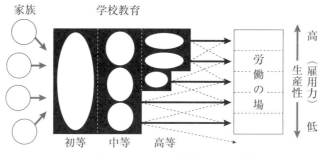

図11-4　学歴によって組織化された労働市場

職や大企業への就職にその片鱗を垣間見ることができる。学歴も出身校までもが暗黙の内に決められた学校教育（指標は学力）と職場（指標は企業力）の対応関係によって，新卒者たちは，自分に最適と思われる生産力水準の雇用先へと確率的に配分されていくことになる。原理的な労働市場の場合のような求人と求職のミスマッチといった市場の失敗は未然に防ぐことができ，無駄とリスクの少ない市場となっているのである[2]。

　こうした構造を持っている社会では，そしてそれは現代の先進諸国の大半がそうなのであるが，少しでも豊かで実りある将来を確実なものにするため，人々は何よりもまずその子女により高度な教育を受けさせたいと考えるのである。これが学歴社会，高学歴社会あるいは大衆教育社会と言われるものの根底にあるものと言えるだろう。

## 2. 社会階層の変化

### （1）移動率と開放性係数の動向

　そのようにして形成される社会階層の構造は，同じ社会であっても時代によって大きく変化するものである。それは，社会移動と呼ばれる現

---

[2] こうした構造が徹底していた1980年代までの日本では，新卒者の就職失敗がほとんどなく，若年失業率もOECD諸国で最も低いレベルにあった。組織化された労働市場は，何より雇用と就業の失敗の少ない仕組みなのである。

象の中に顕著に見ることができる。人々が社会階層の間を移動することを社会移動（social mobility）と呼んでいる。社会移動にはその形態を分類するための軸が二本ある（図11-5）。

その一つは，社会的地位が上下関係にある階層の間を移動する垂直移動（上昇移動・下方移動）か，同等の階層間を移動する水平移動かという，移動の向きの軸である。もう一本は，一つの世代で（つまり同一個人が一生の間に）移動する世代内移動か，世代を越えて（つまり親子孫の間で）移動する世代間移動かという，移動の時間（スパン）に関する軸である。それらの二軸を直行させてできる四つの社会移動類型（世代内水平・世代内垂直・世代間水平・世代間垂直）のうち，社会学的に最も注目されるのは，世代を越えて異なる階層間を移動する世代間垂直移動である。ここでは，主に世代間垂直移動の動向について検討することにしよう。

どんな社会であれ，伝統的な共同体が解体する過程では，速い遅いの差はあっても，階層の移動性が高まる。戦争や革命，産業革命などは，移動を促進する主要な原因となりうる。日本の場合，産業構造の高度化，経済成長，都市への人口集中，高学歴化等々といった近代化の諸局面

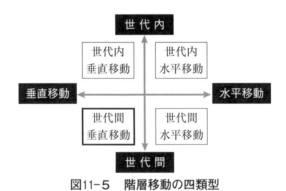

図11-5　階層移動の四類型

が，第二次大戦後の短期間に集中して大規模に起こったため，社会移動も他の諸国に例を見ないほど急であった。そうした社会移動の状況を，全国規模で継続的に調べる学術調査が，1955年に始まったSSM調査（Social Stratification and Social Mobility Survey）である。

　SSM調査は，10年ごとに，全国の成人男女からランダムにサンプリングされた数千の標本（被調査者）に対して実施される，調査票を用いた面接による調査である。調査項目は，教育達成（学歴），職業達成（初職），職業経歴，暮らし向きの自己評価，政治的態度，教育意識等であるが，それらの項目を被調査者自身についてだけでなく，親に関しても尋ねることによって，世代内移動，世代間移動の状況が把握できるのである。調査結果の分析にあたって基本的な指標として用いられるのが，図11-6に示す純粋移動率である。

　父親の職業と自分の職業が同じ階層に属する場合（図の左上から右下への対角線上の網掛けの数値），階層移動はなかったと考える。それ以

| 父親職業 | 本人職業 | | | 計 |
|---|---|---|---|---|
| | 上位職 | 中位職 | 下位職 | |
| 上位職 | 9 | 4 | 1 | 14 |
| 中位職 | 4 | 35 | 11 | 50 |
| 下位職 | 5 | 22 | 100 | 127 |
| 計 | 18 | 61 | 112 | 191 |

$$\text{事実移動率} = \frac{4+1+11+4+5+22}{191}$$

$$\text{強制移動率} = \frac{(18-14)+(61-50)+(127-112)}{191 \times 2}$$

$$\text{純粋移動率} = \text{事実移動率} - \text{強制移動率}$$

**図11-6　移動率の算出**（概念表：数値は架空例）

外の六つのセル（数値）が事実として移動した回答者で，その計を全標本数で割ったのが事実移動率（粗移動率）である。しかし，その中には，社会全体の産業構造の変化によってやむをえず移動せざるを得なかった者も含まれている。それが，最右列の計（14，50，127）と最下行の計（18，61，112）の大きいほうから小さいほうを引いた値の総計である。その計を全標本数の2倍で割ったものが強制移動率（構造移動率）である。この強制移動率を先の事実移動率から引いたものが，最も端的に移動の度合いを示す純粋移動率（相対移動率）である。

SSM調査の研究者らは，それらの率からさらに開放性係数という指標を算出し，利用することで，日本社会の階層の開放性（階層移動の自由さの度合い）を継続的に調べてきた。開放性係数は，ある階層分布の状態から理論的に最も自由に移動した状態（つまり，父親の職業と本人の職業が統計的に独立な状態）を完全移動状態とし，その場合の純粋移動率を理論的に算出した上で，調査の結果得られた純粋移動率をその理論的な純粋移動率で除して算出する。開放性係数は，大別された業種・職業区分ごとに見る場合と，全体的に見る場合（総合開放性係数）があるが，前者で見ると，大企業ブルーカラー，中小企業ホワイトカラーといった集団での開放性が極めて高く，農業での開放性が極端に低いことが分かった。後者では，開放性の極めて低い農業の影響が強いことに留意しなければならないのであるが，日本の場合，全体的に1985年までは開放性が上昇傾向を保っていたものの，それ以降は開放性が低下している，つまり，社会移動の自由さが弱まっていることが分かっている[3]。

これまで，SSM調査は，わが国の階層に関する多くの知見を提供してきた。そのうち各年度の主な知見を例示しておこう。まず，1955年調査では，事前の予想に反して戦後日本における封建遺制としての身分制

---

[3] 原純輔・盛山和夫『社会階層―豊かさの中の不平等』（1999年）102-104頁。ただし，最近では開放性係数よりも「オッズ比」という指標を用いることが多い。オッズ比については，佐藤嘉倫「機会の不平等」原純輔・佐藤嘉倫・大渕憲一編『社会階層と不平等』（2008年）を参照されたい。

はそれほど明確に残存していないことが示された。ついで、65年調査では、高度成長の進展とともに日本社会の開放性は高まり、中産階層の成熟が見られることが看取された。さらに、75年調査では、一億総中流と言われるような中流意識の拡大、学歴水準の著しい高度化、地位の非一貫性といった日本社会固有の特性が明確に把握された。また、85年調査では、戦後一貫して続いてきた平等化が停滞し、階層構造が固定化する兆しの見られることが指摘された。95年調査では、これまで固定的に前提されてきた階層概念、階層意識そのものの変質あるいは変容の兆しが見られることが指摘されている。続く2005年の調査では、上位階層と農業で階層の固定化が進み、下位階層の間で流動性が再び高くなっていることが分かった[4]。さらに最新の2015年調査では上位階層と下位階層との社会経済状況の乖離がいっそう進んでいることが明らかになっている。

　職業をキー概念とする階層構造は、戦後の長い傾向的平等化のあと、反転もしくは停滞の状況を呈している。その間、日本の学歴水準は、1970年代後半から80年代前半にかけて停滞したほかは、ほぼ一貫して上昇し続けてきた。それから考えると、反転後の社会階層の状況は、学歴水準とはあまり関係なく変化していると考えることもできる。

## （2）ジニ係数の動向

　実は、階層構造と階層移動は、前章で見た新自由主義的な政策によって変化し、格差が拡大する傾向を否定できない。そうした格差の拡大は、経済力の格差として最も端的に現れてくるものであり、世帯所得の平等性を表すジニ係数の変化によっても見ることができる。ジニ係数とは、図11-7のイメージで示すような指標で、1に近いほど不平等、0

---

4）SSM調査の知見については、三輪哲・石田浩「戦後日本の階層構造と社会移動に関する基礎分析」、三輪哲・小林大祐編『2005年SSM日本調査の基礎分析』（2008年）、吉川徹『日本の分断 切り離される非大卒若者たち』（2018）を参照されたい。

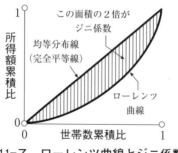

図11-7　ローレンツ曲線とジニ係数

に近いほど平等性が高い社会ということになる。別の見方をすれば，ジニ係数も経済階層のあり方を示す指標であるということができる。

　日本のジニ係数の値は，内閣府が毎年算出し，継続的に公開している。ただ，その算出方法は多様であり，全世帯を対象とする場合，単身者だけを見る場合，二人以上世帯を対象とする場合，高齢世帯のみを見る場合，そしてそのそれぞれについて再分配前の（つまり累進課税や社会保障による調整前の）値と，再分配後の値，等々といったように，一様ではない。また，国際比較も経済統計の取り方に大きなばらつきがあるため，その見方には難しいものがある。

　そういった制約はあるものの，ジニ係数は経済的な平等性を見る際の優れた指標であることに間違いはない。ジニ係数に関する内閣府による知見をいくつか挙げておこう。

① 日本の総世帯の所得再分配後のジニ係数は，1970年代末の0.30程度から緩やかに増大してきたが，2000年代になりわずかながら低下傾向にある。最近は0.35強の値を示している。

② 若年者の所得を対象としたジニ係数は，0.20強で，その値は30代までそれほど変わらないが，高齢者の所得を対象としたジニ係数は，若年者のそれより相対的に高く，0.45前後で推移している。

③　国際的に見ると，日本の所得再分配後のジニ係数の直近の値は，アメリカ，イタリア，イギリスなどよりも低く，デンマーク，スウェーデン，ドイツ，韓国，OECD 平均よりも高い位置にある。OECD 全体では，格差の高いほうからほぼ三分の一の位置にある。

④　日本の再分配前後のジニ係数改善率は，OECD 諸国の中でも低いグループに属する（つまり，税や社会保障による再分配が十分でない）。

⑤　ジニ係数に関連して，日本の相対的貧困率は，15％前後で，約5％のデンマーク，約8％のイギリス，約11％のドイツ，イタリアなどと比べ格段に高い[5]。OECD 諸国で日本よりその値が高いのは，メキシコ，トルコ，アメリカの3カ国だけである。

こうした知見に接すると，今や「平等社会日本」は虚像ないしは幻想であることを実感せざるを得ない。平等な国日本の近未来は，それほど楽観的なものではないのかもしれない。

**（3）階層格差と教育の関わり**

このように現代の日本社会は，階層間格差を強めていると言えるが，一方，これまでの学校がそうであったように，現代の学校教育は，基本的に統合と階層間の平等を基本とし，少なくとも理念的には子どもたちの層化にはきわめて消極的である。子どもたちは，そのように全く原理の異なる構造を持った学校から現実の社会へという移行を経験することになる。そのプロセスが新規学卒労働市場と呼ばれるものである。その際，求職者としての彼らを受け入れる企業等の側では，彼らの生産能力を事前にかつ的確に知ろうとする。しかし実際に雇用する以前に採用候

---

[5] 相対的貧困率は，等価可処分所得（世帯の可処分所得を世帯員数の平方根で割った値）が，全国民の等価可処分所得の中央値の半分に満たない国民の割合を示す指標であり，パーセントの値が高いほど相対的貧困者が多いということを意味している。ただし，一人あたり GDP のドル換算値が高いほど相対的に貧困とされる人数も増えるという性質の数値であるため，その扱いには一定の注意が必要である。

補者の能力を適正に把握することは決してたやすくはない。新規学卒者の場合，その職が初めての職であることがその見極めを一層困難なものとする。

そこで企業等は，誤った人材を採用してしまう失敗の危険を少しでも小さくするため，採用候補者に関する情報をできるだけ多く収集しようと努める。採用決定に際して一般に用いられる情報には，基本属性（性別，年齢，居所，出身地等），学校教育上の業績（学歴，学業成績，資格等），採用試験の結果，そして面接等による性格等に関する情報，などがある。そのうち試験と面接の結果は，属性や業績などの履歴情報より企業の求める能力や適性の実際に近く，またより個別的である点で信頼性が高いが，その実施に時間と費用がかかるという欠点を持っている。そのため企業等は，求職者の生産能力や適性を間接的に示す指標として属性や業績に関する情報を用い，予備的に選抜を行う。時にはそうした指標による選考のみで実質的な選抜の過程をほぼ終えてしまう場合すらある（指定校制度など）。それらの指標の中でも一般に最も基本的なものとして重要視されるのが学歴であり，またその下位指標としての学校歴，そして学業成績である。

新規学卒者の採用に際して企業等が学歴と学業成績を能力や適性の指標として用いるのは，それらが学校と現実社会という二つの世界をつなぐ数少ない共通基準に含まれるからである。もっとも，学歴と学業成績は本来学校教育における社会化の達成水準を示す指標であり，それが企業等の生産の場での生産能力を示す指標として用いられるためには，意識的にせよ無意識的にせよ，選抜する側で何らかの読み替えをしなければならない。つまり，「就学期間が長ければ（学歴が高ければ），実務に関わる基礎的能力も高いだろう」，「試験の成績がよいのだから与えられた課題を適切にこなす能力は十分だろう」，「規則正しい学校生活を大過

なく過ごしたのであれば、自己抑制力や耐性も強いだろう」等々の読み替えである。学校教育の諸指標を、いわば代理指標として用いることになるが、このような読み替えにより、基本的原理の大きく異なる二つの世界（学校と職場）が学歴を介して結びつくことになるのである。

このようにして、学歴は子どもたちの将来の職業階層を決定する最も大きな要因となる。その端的な現れは、高等教育への進学、非進学という局面に見ることができる。新自由主義的経済政策・教育政策のもとでの現代社会にあっては、学費の家計負担増、学校外教育支出の増加といった条件が、経済格差を学歴格差に容易に転化できるような状況になっているのである。図11-8に見るように、高卒後4年制大学への進学率は、明瞭に親の所得と相関している。

日本と同様、多くの先進諸国でも高等教育のコストが、低階層出身の子どもたちへの参入障壁となっている。その格差を政策的に緩和する一つの方途が奨学金制度である。図11-9は、各国の国公立大学の平均学費と奨学金を受給する学生の比率とをクロスさせたものであるが、これ

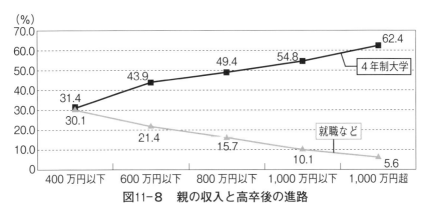

図11-8　親の収入と高卒後の進路
（出典：東京大学・大学経営・政策研究センター「高校生の進路追跡調査第1次報告書」（2007年））

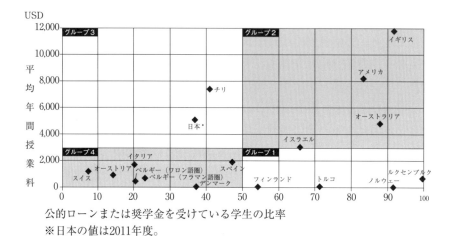

図11-9　国公立大学の年間授業料と奨学生等の比率（国際比較）(2015年度)
（出典：OECD "Education at a Glance 2018", p. 297.）

を見ると，日本はチリとともに奨学金制度による格差の緩和があまりなされていないグループ3に属していることが分かる。

このように見てくると，現代日本の階層構造と教育の関わりについては，次のような傾向を指摘することができるように思う。それは，第一に，学歴の持つ意味が強まってきた，つまり社会において学歴が階層を決定する程度がますます大きくなってきたということである。たしかに，不況下という条件もあって，大卒でも好条件の職には就きにくくなっているのは事実である。しかし，非大卒の状況はさらに困難なものとなっており，大卒と非大卒の間の格差は拡大し続けていると言える。その意味で，職業階層が学歴に対応して決定されるという意味での学歴社会は，ますます強固なものになりつつあることが言えるのである。ついで，第二に，親の所得によって子どもの学歴が決まるという構造がますます強固になってきたことである。戦後の日本社会では，多少の波動は

あったものの，一貫して大学進学率が上昇してきた。つまり高等教育進学機会が全体として拡大していったのである。進学機会の拡大は，誰でも進学できるようになるということから，当然のこととして平等化を押し進めると考えられがちである。しかし，実際はそうではない。進学率が上昇してもその恩恵を受けるのは比較的高い所得層であって，低所得層出身者は拡大した枠の部分には入らないからである[6]。現在ではそれに加えて，不況が階層的に不利な立場の子どもたちを相対的にますます不利にしている。近年，「意欲の階層差」が学業達成と職業達成の不平等の要因であるといった議論もあるが[7]，実はそれ以前に経済格差の問題，つまり「意欲があっても経済的に進学できない」あるいは「経済的な要因が意欲の問題の根底に厳然としてある」という構造的な問題がいまだに存在するのである。

　第三の動向としては，教育費の相対的増加が挙げられるだろう。社会全体の所得が停滞する中で，教育にかかる費用，つまり教育費の家計に占める割合が相対的に増大しつつある。このことは，高等教育進学機会のいっそうの格差拡大につながる可能性をはらんでいる。このように，これまでわが国の教育システムにおける重大な問題の一つとされてきた学歴主義は，変質しつつもむしろ強化されつつ存続している。それに替わるより公正で合理的な人材配分の仕組みが形作られない限り，学歴主義は重要なシステムであり続けるだろう。本来の意味での業績原理に則った教育と社会階層との関係が形成されるためには，学校教育だけでなく，雇用市場の根本的な変革も必要不可欠なのである。

---

[6] 近藤博之「学歴主義と階層流動性」，原純輔編『流動化と社会格差』（2002年）66-67頁。
[7] 苅谷剛彦『階層化日本と教育危機—不平等再生産から意欲格差社会へ』（2001年）で展開されている。

#### 参考文献

荒牧草平『学歴の階層差はなぜ生まれるか』(勁草書房, 2016年)
苅谷剛彦『階層化日本と教育危機―不平等再生産から意欲格差社会へ』(有信堂, 2001年)
吉川徹『日本の分断 切り離される非大卒若者たち』(光文社新書, 2018年)
橘木俊詔『格差社会―何が問題なのか』(岩波新書, 2006年)
中村高康・平沢和司・荒牧草平・中澤 渉編『教育と社会階層―ESSM全国調査からみた学歴・学校・格差』(東京大学出版会, 2018年)
橋本健二『「格差」の戦後史―階級社会 日本の履歴書』(河出ブックス, 2009年)
原純輔・佐藤嘉倫・大渕憲一編『社会階層と不平等』(放送大学教育振興会, 2008年)
耳塚寛明編『教育格差の社会学』(有斐閣, 2014年)
三輪哲・小林大祐編『2005年SSM日本調査の基礎分析』(2005年SSM調査研究会, 2008年)

#### 研究課題

① 身分制から職業階層制へと移行するに際して学校教育が重要視された背景を考察し,その要因を検討してみよう。
② 世代間移動が盛んな社会とそうでない社会とでは,人々の生活や教育のあり方にどのような違いが生じるか,考えてみよう。
③ 階層格差あるいは経済格差の全くない社会を想定し,そこから,格差の持つ積極的な社会的意味についても考えてみよう。

# 12 メディア ―教育との関わり―

　情報化が著しく進んだ現代社会を読み解く鍵の一つが，広義のメディアである。教育という領域もその例外ではない。教育とメディア，とりわけ学校教育とメディアは現在どのように関わっているのか，教育はどのようにメディアを利用し，またメディアは現代の教育のあり方にどのような影響を与えているのか，そして今後その関係はどう変化していくのかといったさまざまな観点から，特にマスメディア，インターネット，ゲーム，スマホ等に注目しつつ，実証的に考えていく。

教育におけるメディア利用は小学校段階でも年々活発化している。子どもたちのタブレットを巧みに使いながらの学習も，今日ではごく普通に見られる授業風景である。
　　　　　　　　　　　　　©共同通信社／ユニフォトプレス

《キーワード》　メディア，メッセージ，情報，コミュニケーション，暗号化，解読，インターネット，コンピュータ，スマホ，ゲーム，アトム化

## 1. メディアとコミュニケーション

### （1） メディアとは何か

　メディアは，近年非常に多く人口に膾炙(かいしゃ)する言葉の一つである。テレビ視聴に際しても，また新聞購読に際しても，まずその言葉に接しないことがないほどしばしば用いられる日常的な概念だと言ってよい。テレビも新聞も，あるいは雑誌やラジオも，ともにメディアと呼ばれるジャンル，グループの一員であるため，ある意味でそれも当然のことと言うべきだろう。しかし，そこでのメディアとこれから議論の対象としていくメディアとは，その意味するところが若干異なることも事実である。そこで，まず本章で用いられるメディアの意味について，あらかじめ整理しておきたいと思う。

　メディア（media＜medium の複数形）には，広範な意味と狭い限定的な意味とがある。広義にはメッセージを送り手から受け手へ伝える媒体，手段を指し，そこにはそのためのあらゆるものが含まれる。非常に歴史の古い身振り，言語，文字，活字などの原始的，伝統的なものから，映画，テレビ，インターネット，フェイスブック，インスタグラムなど，高度な技術によりごく最近になって創り出されたものまで，非常に多様な形態を含む概念である。一方，狭義のメディアは，日常的にしばしば目にする用語であるが，新聞や雑誌，放送など規模の大きい大量情報伝達媒体や手段を特定して指す概念である。後述のように，マスコミと呼ぶ場合も多い。

　この広義のメディアと狭義のメディアの概念を，放送による授業を例にとって確認しておこう。まず，広義のメディアに当たるのは，講義をしている教員の言葉，その背後のホワイトボード，カメラ，電波，アンテナ，通信放送衛星，テレビ受像器，さらには机の上に開かれたノート

など，およそメッセージや情報を載せることができるものすべてである。一方，狭義のメディアである放送局に関わるのは，テレビのシステム，つまりカメラやマイクから受像器までである。本章では，ここでのテーマを勘案し，特に断らない限り広範な媒体と手段を含む広義のメディアの意味でこの語を使っていきたいと思う。

### （2）コミュニケーションの基本形

　当然のことであるが，メディアはある意味で単なる媒体，手段であって，そこに何か意味のある情報やメッセージを載せて伝達する（伝達し合う）という行為，つまりコミュニケーションという行為がなければ，そもそもその存在の意味さえないことになる。そこで次に，そのコミュニケーションについて考えてみよう。

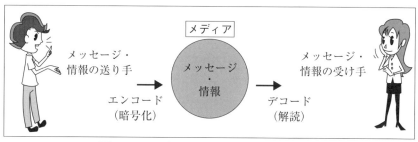

**図12-1　コミュニケーションの基本概念**

　形態的に見た場合，コミュニケーションとは二者（あるいは複数の人々）の間の情報やメッセージのやりとりのことであり，基本的にその行為は以下のような四つの要素からなっている。すなわち，「メッセージ・情報の送り手」，「メッセージ・情報の受け手」，「メディア」，そして「メッセージ・情報そのもの」である。そのどれが欠けてもコミュニケーションは成立しない。コミュニケーションには，まず，メッセージ

や情報の送り手が必要である。たとえば、教室に溢れんばかりの学生が講義を待っていたとしても、いつになっても教師が登場しないのでは授業というコミュニケーションは成立しない。ついで、メッセージや情報を受け取る受け手も必要不可欠である。講義の例で言えば、教師が来たとしても学生が一人もいないのでは、やはりコミュニケーションは成立しないからである。さらに、メッセージや情報を伝達可能な方法で送り手から受け手へ運ぶ媒体、つまりメディアが必要である。もちろん、情報やメッセージそのものは大前提として欠くことができない。学生と教師がそろっていたとしても、教師の話が全く聞き取れなかったり、学生が全く理解できないことを教師がしゃべっていたりしたのではコミュニケーションにはならないからである。

しかし、実はこうした四つの要素がそろっているだけでは、現実のコミュニケーションが適切に成立する条件として十分ではない。というのも、コミュニケーションが適切に成立するためには、言語や文字、ジェスチャー、映像などのメディアを用いて表現された（つまりメディアに置き換えられた）送り手のメッセージと、メディアを解読して受け手が得たメッセージとが、内容的に異なっていないことを求められるからである。たとえば、電車の座席にドカッと座っている若い男性が、乗り込んできた若い女性にニコッと微笑みかけられたとしよう。もしその女性が「座りたいのよ、どっちかへ寄ってよ」と思っており、男性が「俺に好意を持ったな」と感じたとすると、そのバーチャルなコミュニケーションはもちろん完全に失敗である。

このプロセスは暗号を用いた通信の際の暗号化（encode）とその解読（decode）とも共通している。送り手が伝えようとするメッセージ（先の例では「どちらかへ寄ってくださる？」）を自分の暗号表にしたがって暗号化し、それを通信手段（「微笑みかけ」）で発信する。受け手は

その暗号を受け取り，受け手自身の暗号表を使ってメッセージ（「自分への好意」）を読みとる。通常，こうしたプロセスは日常的な会話の中であまり大きな間違いを生じずに行われるものであるが，それは普段接触する他者がほぼ同じ暗号表を持っていることが前提されているからである。この例のように暗号表が異なっていると，適切なコミュニケーションの成立は困難となり，深刻な誤解すら生じる事態となる。異なる信仰の者同士，女子高校生とその父親，新入社員と勤続30年の上司といった関係の中に往々にしてコミュニケーションの不成立が見られるが，その主たる原因は，言葉遣いの違いや趣味の違いというよりも，そうした各自の持っている暗号表の相違であることが多いのである。

## （3）容器としてのメディアとその変遷

先に述べたように，メディアはメッセージや情報の伝達手段である。別の言い方をすれば，メッセージを入れて運ぶ容器のようなものと言うこともできる。メッセージを入れて運ぶための容器としてのメディアには，そのため，常に内容物に影響を与えないような高い中立性，透明性が求められてきた。図式的に見るなら，メディアは「言語→文字→印刷→音声記録媒体→音声伝達媒体→映像記録媒体→映像伝達媒体→コンピュータ→マルチメディア→インターネット…」というように変化してきたが，この長いメディアの歴史の原動力には，常に中立性と透明性を目指す知恵と工夫があったと言ってよいだろう。

もっとも，現実のメディアは，実際には単なる透明な容器にとどまらない側面も強く持っている。カナダの文明批評家で，メディアに関して多くの示唆に富む論考を世に出したマクルーハン（Herbert Marshall McLuhan）は，人間は本来メディア的存在であって，意識を形成する上でメディアが持っている力は非常に大きいということを示した[1]。そ

---

1) こうした考え方は，マクルーハン『メディア論—人間の拡張の諸相』（1987年）で展開されている。

こから彼は，有名な「メディアはメッセージである」という命題を導き出し，メディアそれ自体がメッセージの意味を規定するのだと主張したのである。たしかに，今日でも，同じメッセージが新聞媒体で伝わる場合，テレビで伝わる場合，そしてインターネットを通じて伝わる場合のそれぞれで，その伝わり方や伝わった結果生じた事態に大きな差があることがしばしばある。東西冷戦の終結プロセス，チュニジアに始まるジャスミン革命やアラブの春などの例を見るまでもなく，メディアはそれ自体強力なメッセージとなることが往々にしてあるのである[2]。

## （4）メディアの歴史

　ここで簡単に，これまでのメディアの発達の歴史を振り返ってみよう。広義のメディアは，まさに人類とともに古い歴史を持っているが，その始まりは，有史以前の身振り手振りや簡単な言語であったと思われる。メディアの使用には，それを可能にするだけの十分な大脳の発達が必要であるが，身振り手振り，あるいは簡単な言語で自らの意思を他者に伝えるという行為そのものも大脳の発達に大きな影響を与えたであろうことは容易に想定できる。言語などのメディアの利用が巧みな者（または集団）が，よりよく環境に適応し，生存競争に勝っていったであろうことは想像に難くない。

　やがて，家族集団から部族集団へ，地域の集落，原始的生産共同体へと集団を高度化していった人類は，原初的な言語コミュニケーションの時間的空間的制約を克服するため，紀元前5000年ころに文字を考案したと言われている。メソポタミアのいわゆる楔形（くさびがた）文字である。現在でも，当時の遺跡からは多くの楔形文字の粘土板文書が出土している。ほぼ同時期に，古代エジプトでは，ヒエログリフ（神聖文字）がパピルス紙や

---

2) 例えば，1989年11月に起こったベルリンの壁崩壊のきっかけは，旅行許可の規制緩和に関する東西双方のテレビ放送であった。報道内容にはいくつかの事実誤認があったと言われるが，既に壁崩壊へと動き出した大きな流れは，その後，ついに止められることはなかった。

壁面に書きとめられていた。これらの文字は，初めての保存可能なメディアとしての揺るぎない地位を有しており，その意義は今日でも色あせていない。

　一方，現在の活字印刷術の嚆矢は，東洋に見出すことができる。11世紀から13世紀頃にかけての時代，地域や王朝でいえば中国の北宋，あるいは朝鮮半島の高麗で，木版を用いた活字印刷の原型が始められたという記録が残っている。現在に続く金属活字を用いた近代印刷の祖は，言うまでもなくグーテンベルク（Johannes Gutenberg）の活版印刷術（1445年ころ）である[3]。これにより，人類は狭義のメディア，つまりマスメディアの最初の入り口に立ったのである。それ以降のマスメディアの技術的進歩と量的発展には，実に目覚ましいものがあった。17世紀（1609年）には最初の近代新聞"Avisa"がドイツで発行され，1876年にはアメリカで電話が実用化された。1920年にはアメリカで最初のラジオ放送が，そして1941年にはやはりアメリカで最初の白黒テレビ放送が開始された。日本の白黒テレビの営業放送が開始された次の年（1954年）には，早くもアメリカでカラーテレビ放送も始まった。

　パーソナルメディア（個人利用のメディア）で画期的だったのは，1980年代の車載電話・携帯電話の運用開始と商用インターネットの運用開始（1988年）であった。これらは今日のパーソナルメディア全盛状況の，まさに先駆けをなすものであった。そして，1990年代になると，日夜われわれの上空を飛び続けている人工衛星からのパルス信号を利用したGPS（Global Positioning System）が，車載ナビゲーションシステム，スマホなどへの利用により，一気にポピュラーな存在となった。

　現在のメディアは，人々が受け手として一方向的に接する媒体であるにとどまらず，人々がそれを使って自らのメッセージを送ったり，パーソナルに利用したりする手段としても重要な位置を占めつつある。この

---

[3] グーテンベルクが活版印刷術を用いて作成した最初の印刷物は，ドイツ語による「旧約・新約聖書」（1455年）であった。

ように，メディアはより多くの情報を，より速く，より個人の生活の場に接近する方向で扱うように発達してきたと言ってよいのである。

## 2. 教育とメディアの関わり

### (1) 教育へのメディア利用

次に，メディアと教育との関わりに目を転じよう。教育とメディアの関係は，大きく二つの観点から見ていくことが可能である。その一つは，教育へのメディアの利用という観点であり，もう一つは教育に対するメディアの影響という観点である。ここではまず教育へのメディア利用から考えてみることにしよう。

これまで，教育へのメディア利用はさまざまな形で進化してきた。特に，日本はその利用が1960年代とかなり早い時期から進んだ国の一つであったが，その原初的な形態は，既に明治時代の小学校で授業に用いられた掛け図の類に見ることができる[4]。今日的な意味でのメディア教育は昭和になってからのものであるが，すでに昭和の初期には，映画やラジオ放送を使った視聴覚授業が小学校で始められている。テレビの教育放送が開始され，それを用いた授業が行われるようになったのは1960年代のことである。70年代になると，一般の利用者が容易に取り扱えるようになったビデオデッキとVHSを用いて，ビデオ視聴による授業も盛んに行われるようになった。これにより，それまで放送プログラムの時間に拘束されていたメディア利用の授業の自由度が格段に増すこととなった。

1980年代の後半になると，コンピュータを利用したCAI（Computer-Assisted Instruction）による授業も実施されるようになった。もちろん，初期にあっては，インストールされた教育ソフト等によるインターネッ

---

4) こうした掛け図の原形は，コメニウスの『世界図絵』に求められる。

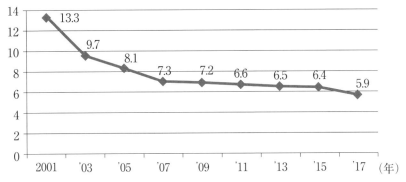

**図12-2　教育用コンピュータ1台当たりの児童生徒数**（人：各年3月の値）
（出典：文部科学省「学校における教育の情報化の実態等に関する調査報告書」（2018年））

トに接続しないオフラインの利用に限られていたが，コンピュータの教育場面への導入は，それまで受動的にメディアから情報を受けるだけであった子どもたちのメディアへの接し方に，劇的な変化をもたらしたのである。それを基礎に，1990年代後半になるとインターネットを利用し，外部と接続したオンラインのCAIも広く実施されるようになり，教育とメディアの関わりも著しく親密なものとなってきた。さらに，2000年代以降になると，本来は遊戯機器だったゲーム機，携帯ゲーム機あるいはiPadなど，モバイル機器を積極的に学習に利用しようという動きが出てきた。GPSを利用した野外での総合的学習や，web（インターネット）ページを検索しながらの調べ学習，さらには，携帯ゲーム機用に開発された漢字学習ソフト，計算練習ソフトなどを用いた基礎的教育訓練など，メディアと教育との関わり方は，教育と実務，遊びといった垣根をはるかに超えつつ，年々量的質的な広がりを増しているのである。

　こうした状況の変化は，全国の学校における量的な指標を見ても明らかである。図12-2は全国の学校（小・中・高）におけるコンピュータ

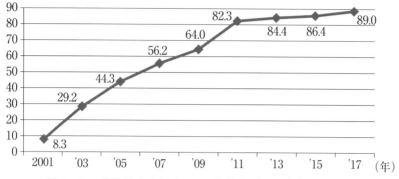

図12-3　普通教室の校内LAN整備率（％：各年3月の値）
（出典：文部科学省「学校における教育の情報化の実態等に関する調査報告書」（2018年））

1台当たりの児童生徒数の推移を示したものである。これを見ると，過去20年弱の間に，子どもの人数との対比で普及水準が2.3倍にも達していることが分かるだろう。また，子どもたちが特別な設備を必要とせず，教室内で各個に自由なPC利用ができる必須の設備としての普通教室での無線LAN整備も著しく進んでいる（図12-3）。それにより，タブレット型PCの配置数も急増し，2017年には全国で37万台以上と，2014年の約7千台の5.1倍にも達している。

こうしたデータから，過去20年ほどの間に，インターネットが学校教育の場で急速に重要性を増してきたことが分かる。学校教育における情報化の進展は，調べ学習や反転授業，プレゼンテーション技法の学習の導入など，従来の教室内での授業形態を大きく変える基盤条件ともなっているのである。

## （2）教育へのメディアの影響

一方，教育に対するメディアの影響という観点からは，無視しえない

ほど大きな問題が見えてくる。テレビやビデオを長時間視聴する，ゲームに没頭するといった子どもたちの行動が，大切な学習時間や家族との会話の機会を奪っているといった指摘，あるいは調査結果も数多く出されている。たとえば，TIMSS 2003 で行われた国際比較アンケートの結果がある[5]。それには，日本の子どもたちの他の地域に比較しての特性が如実に表れている。参加した各国の中で，「宿題をする」という時間がわずか1時間と，全参加国の子どもたちの平均と比べ，40分強も短かったのである。その反対に，「テレビやビデオを見る」という時間は圧倒的に長かった。最も短かった韓国と比べ，1時間も長く視聴していることになる。この結果が日本の親や教師，教育関係者たちに与えた衝撃は非常に大きなものであった。その結果，以前から議論されていた，子どもへのメディアの影響とりわけ負の影響に対する警鐘が強められることとなった。

　それに関連して，ゲームをしすぎることによる「ゲーム脳」という子どもの脳の状態も話題になった。ゲーム脳というのは，森昭雄が，『ゲーム脳の恐怖』（2002年）で提唱した仮説である。それによると，人間はゲームに熱中していると脳波中にβ波がなくなるが，その状態は簡易脳波計における認知症患者と同じであって，情動抑制や判断力などの重要な機能をつかさどる前頭前野にダメージを受けている可能性があるというものである。学問的には十分な根拠がなく，検証されているとも言い難い印象的な議論であったが，実際日常的に観察される子どもたちの様子とも相まって，一定の影響力を持つ考え方となった。現在でも賛

---

[5) TIMSS（Trends in International Mathematics and Science Studies「国際数学・理科教育動向調査」）は，国際教育到達度評価学会が1964年に開始した国際テストである。その実施目的は，算数（数学）および理科の教育到達度を国際的に測定することとされ，64年以来4年ごとに実施されてきた。直近では2015年に実施されている。対象となるのは第4学年（日本では小4）と第8学年（同中2）で，算数（数学）と理科を合わせて小4は72分，中2は90分の試験を受ける。全世界で40万人近く，日本では約1万人の参加者がある。その学力試験の際に，家庭学習や理数科目への意識などに関するアンケートもとる。

否の両論が交わされている，注目される話題の一つである。

　他方，子どもたちのゲーム好きをポジティブに評価し，それを利用して学習に生かそうという試みも増えている[6]。普及しているゲーム機やタブレット型PCのアプリケーション・ソフトを用いて，漢字の練習や計算練習を自主的にさせていこうという試みであり，予想以上の成果が上がっているという報告もなされている。

### （3）マスメディアと現代社会

　最後に，マスメディアとしてのメディアに関しても見ておこう。本章の冒頭でも述べたように，狭義のメディアには新聞や雑誌，放送など規模の大きい大量情報伝達媒体，手段という意味がある。その意味を用いて，マスコミュニケーション（mass communication），つまりマスコミと呼ばれることも多い。マスコミとは，大規模な寡占的組織である送り手から不特定多数の受け手に対して一方的になされるコミュニケーションを指す概念である。本来，そのマスコミの手段として用いられる媒体が，マスメディアである。ただし，主体と媒体という本来の語義上の違いを無視して，両者を同義に使う場合も少なくない。

　現代社会は，そのマスコミという意味でのメディアの影響が非常に強い社会であると言える。それは，今日の大衆化した社会が，個人の「アトム化」という必然的な特徴を強く持っているからである。

　大衆化の進んだ近代社会は，同時にまた産業化が高度に進展した社会でもある。高度の産業化は，大衆化の最も基本的な直接的原因でもある。というのも，資本主義的な生産構造が，本来的に大量生産と大量消費を求めるものだからである。近代社会に必須の大量消費は，個人主義

---

6) こうした考え方の先駆けは，1960年代のアメリカにおけるヘッドスタート計画の一環として，マイノリティの子どもたちに彼らの好きなテレビを使ってアルファベット，数概念の基礎，基礎的コミュニケーション，簡単な集団ルールなどの就学前教育を施そうという試みの中に見ることができる。「セサミストリート」シリーズである。

的イデオロギーの力を借りつつ，伝統的な統制からまず家族を独立させ（家計の独立），その後に個人を解放することで達成された。たとえば，かつて集落に1台だけ設置されていた電話が「向こう三軒両隣」に1台となり，やがて全戸に普及し，そして家族構成員のそれぞれが個人の携帯電話を（それも複数）所有するようになる，という流れの中にそうした市場変化の一つの典型を見ることができる。

　主に大量生産・大量消費という経済的な要請によるこうした＜個人の消費単位化＞は，一方で，個人が他者との連帯の機会を次第に失っていくという状況を生みだした[7]。個人が他者との連帯の多くを失って個々別々になった状態，つまり個人のアトム化（原子化）が進展したのである。アトム化した個人は，それ以前の伝統的な人間関係の中にあった人々と比べ，いくつかの際立った特性を示すことになる。まず，彼ら（われわれ）は封建的な共同体で見られるような伝統的な社会的紐帯を持たない。もちろん他者との結びつきなしに生活することはできないが，彼らの社会的紐帯の大半は，経済的，組織的な利害関係など，ある目的のために合理的につくられた人間関係からなっていて，単なる情緒的な結合は忌避される傾向にある。また，直接それに起因することであるが，彼らは基本的かつ絶対的な自己意識や自己認識（アイデンティティ）を持たない。一般に最も強力な絶対的自己認識は，血統と伝統的な宗教を根底に持つものであるが，そのどちらも，企業（社員）や国家（国民）など，後発的で合目的的な組織によるものに取って代わられてしまう。そのことが，精神的な側面での，明確な規範を自己の内部に持っているという内部指向性が弱く，規範を他者との関係で柔軟に適応していくという他人指向性が強いという特性を生む[8]。その結果，身近なところに強力な規範を求めず，自分の属する小集団に明確なリーダーシップがあることを好まず，大衆的情報手段，つまりマスメディアの影響

---

[7] たとえば，銭湯から内湯へ，集落総出の稲刈りからコンバインへ，大衆演芸や映画館からテレビ，ビデオへ，といったように，生活のさまざまな局面で他者との連帯の機会が失われてきた。

を受けやすく，国家全体に共通するような象徴的なエリート（場合によってはカリスマ的指導者）に共感しやすい，というアトム化した個人特有の特性を持つにいたるのである。

### （4）情報による操作の不可避性

　そうしたわれわれアトム化した現代人に対し，メディアとりわけテレビに代表されるマスメディアは次のような機能を持っている。まず，ニュース・広告等に代表される効率的な「情報伝達機能」である。現代社会のメディアは，他のどのような情報チャンネルよりも大量の情報を，限りなく広く，また即座に提供することができる。ついで，ドキュメンタリーや視聴者参加番組，あるいは旅番組などに代表されるような「経験の拡大・疑似環境の環境化機能」がある。そして，好悪の価値を示した上で情報を提供する「価値付与・地位付与機能」の意味も大きい[9]。同様に，現在起こっている状況がどのようなものであるかを定義づける「状況定義付け機能」も，メディアの得意とするところである。さらに現実的なところでは，朝の連続ドラマ等に顕著な「タイムキーパー機能」もある。そして，最終的に，メディアは社会に対して「文化の伝播と大衆化機能」を果たしていくのである。
　しかし，ごく最近になって，特に情報伝達機能に関しては，マスメデ

---

8）内部指向と他人指向は，ともにアメリカの社会学者リースマン（David Riesman）の用いた概念である。その著『孤独な群衆』の中で，彼は人間の性格類型を「伝統指向型」「内部指向型」「他人指向型」の三つに分類した。そのうち，「内部指向型」は，道徳や絶対理性のような権威ある価値を内面化して行動するタイプを指し，「他人指向型」は，中心的価値よりも周囲の他者の期待に従って行動する同調性の高いタイプを指す。後者では自分自身の行動規範が形成されにくいため，アイデンティティが拡散して自分を見失うことにもなる。それが彼の言う「孤独な群衆」である。

9）顕在的な価値付与ばかりではなく，ダイエット薬の宣伝を頻繁に放送することにより，本来多様であるべき女性の理想的な体型に関する固定的な価値を形成したり，カツラや育毛剤の宣伝が毛髪のあるべき姿を作ってしまったりするなど，実例には事欠かない。

ィアより速報性の高いwebサイトの方が重要性を増してきている。新聞を購読しない，テレビさえあまり見ないという若年者世帯も少なくない。さらに進んで状況定義付け機能に関してもwebサイトは重要性を増している。大統領がメディアよりも自身のブログによって政策意思をいち早く公表するといった事態に，そうした状況がよく表れている。

　こうした機能は，もちろん基本的には社会全体に対するものであるが，実は，学校教育や子どもたちにも非常に強く関わっている。というのも，メディアは視聴率や購読数，アクセス数といった指標を最重視し，それによって市場価値を生み出しているのであるが，メディアにとっては，そうした指標の対象が子どもであろうと成人であろうと，とりあえずは関係がないからである。メディアが急速に市場化していく過程で，子どもたちも否応なくメディアの市場に組み込まれてきたというのが実態である。

　学校に代表される今日の教育的営為は，したがって，自らの教育効果を高めるために，メディアという非常に手強いライバルと日常的に競わなければならないという宿命を負っている。LINEなどのコミュニケーション・ツールを介したいじめといったメディアが大きく関わる問題も深刻である。その上で，長い時間メディアの影響を受けることを避けられない子どもたちに対して，従来と同じかそれ以上の教育効果をあげるよう社会から常に強制されているというのが，学校の置かれた厳しい状況でもある。

## 参考文献

鄭仁星・久保田賢一編『遠隔教育とeラーニング』（北大路書房，2006年）
日本教育社会学会編『教育社会学事典』（丸善出版，2018年）
マクルーハン，栗原裕・河本仲聖訳『メディア論―人間の拡張の諸相』（みすず書房，1987年）
松田美佐・岡部大介・伊藤瑞子『ケータイのある風景―テクノロジーの日常化を考える』（北大路書房，2006年）
宮澤淳一『マクルーハンの光景―メディア論がみえる』（みすず書房，2008年）
森昭雄『ゲーム脳の恐怖』（日本放送出版協会，2002年）
山本順一・気谷陽子『情報メディアの活用　改訂新版』（放送大学教育振興会，2010年）
リースマン，加藤秀俊訳『孤独な群衆』（みすず書房，1964年）

## 研究課題

① 身の回りの日常的なコミュニケーション状況のそれぞれについて，送り手，受け手，メッセージ，メディアそしてコード表やエンコード，デコードといった要素が具体的には何に当たるかを考えてみよう。
② メディアを利用した教育に関して，どのようなテクノロジーがどのように利用されているのか，最新の情報を収集してみよう。
③ 子ども自身や子どもの教育へのメディアの影響について，問題とすべき点も含め，最新の情報を収集してみよう。

# 13 | 生涯学習 —理念と現実—

　臨教審答申によって「生涯学習体系への移行」が主唱されてから，早くも30年以上が経過した。その間，生涯学習振興法の成立や各地のコミュニティセンターの設置，そして，放送大学をはじめとする生涯教育機関の新設などを見たが，現在，答申が描いた生涯学習社会が日本の社会に実現しつつあるかと言えば，必ずしもそうとは言えないのが現状である。その背景には，学習を取り巻く諸環境の変化により，学習そのものの形が変わってきていることへの対応の遅れがある。かつては公民館や大学のような施設で講師の話を拝聴するという形態が一般的であった生涯学習機会も，今や多様な形を持って展開しているのである。

現在の大学公開講座は多様である。大勢が集まって教員の話を聞き座学するという伝統的な形態のものばかりではない。徳島大学で毎年実施されてきた人気の長寿講座「歩き遍路講座」もその好例である。
（写真提供：徳島大学・吉田敦也教授）

**《キーワード》** 生涯学習，生涯教育，フロントエンド，ラングラン，臨教審，セーフティネット，社会教育，生涯学習振興法，公民館，コミュニティセンター，成人教育

## 1. 生涯学習概念の整理

### (1) 生涯学習とは何か

　議論に先だって，ここで改めて「生涯学習とは何か」ということを簡単に整理しておきたいと思う。というのも，この概念は日常的によく目にも耳にもする言葉で，誰もがその意味を了解していて，取り立てて確認する必要もないと思われがちであるが，では，それは何か，と改めて尋ねると，「一生勉強することでしょう」とか「人間学ばなくなったらおしまい，ってことかな」というように，十人十色の必ずしも明確でないような答えが返ってくるものだからである。生涯学習は，放送や書物による趣味の勉強といった「はっきりした形態もなく，はたから見ただけでは果たして教育活動が行われているかどうかも分からないような」学習実践までをも含む広い領域であって，全体像の正確な把握は困難である[1]。生涯学習がそのように"曖昧な"概念であることを，何よりもまず確認しておきたい。

　とはいえ，生涯学習が他の学習活動とは異なる独自の存在意義を持つ概念であることは言うまでもない。そうでなければ，一国の教育方針にこれほどまでに強い明確な関わりを持つとは考えられないからである。一般に，その概念は，「生涯のあらゆる時点で，あらゆる場において，あらゆる教育資源を活用してなされる，自発的で自律的な学習行動」というようにきわめて広く定義づけられることが多い[2]。こうした表現からも分かるように，生涯学習とは，特定の方法や内容に限定せず，目的も統一的でなく，学習の主体も教授の主体もともに固定的ではないような学習，つまり一言で言うと生涯学習はあらゆる意味で"ボーダレスな（境界がない）学習"だということができる。この一見漠然とした無限定的な概念規定は，生涯学習が，特定の方法や内容を持ち，目的が統一

---

1) 市川昭午『臨教審以後の教育政策』（1995年）356頁。
2) 岩永雅也『生涯学習論―現代社会と生涯学習―』（2006年）21頁。

的で，学習の主体も教授の主体もともにはっきりと分別された学習形態である学校教育に対するアンチテーゼとして提唱されたことの一つの証左なのである。

### (2) 生涯学習の登場とその背景

　近代の初期に現在のような学校教育システムが体系化されたのは，産業化を進めていく上での効率性が求められたからである。世界的に見て，近代産業社会は産業革命期から第二次大戦後まで，ある程度の波動は伴いながらも，生産とそのための技術を相互に競争しつつ直線的に拡大することを基調として発展してきた。その発展が常に競争的であったため，生産活動を担う人材の養成には，何よりもまず効率的であることが求められた。効率化のためには準備期間と活動期間を混在させずに，準備のみを目的とする期間を前もって一定時期に終えておき，その上で生産活動にその成果を最大限に活用していくというフロントエンド（front-end）型の，つまり準備が事前にすべて完了しているタイプの教育訓練システムが最も適していると考えられてきたのである[3]。

　しかし，第二次大戦後の社会と経済の復興が一段落を迎えた頃より，産業化の進んだ諸国の教育システムをめぐる状況には大きな変化が生じ始めた。まず第一に，単純な拡大再生産を基調とする経済成長が転換期にさしかかり，質や多様性に対する社会的要請が強まってきたことが挙げられる。第二に，生産の量的増加に伴って直線的に拡大してきた学校教育とそれを支えた教育政策に疑問が呈されるようになったことも見落とせない。後期中等教育の普遍化と高等教育の急激な拡張により，必ずしも内容的な水準が保証されなくなっているという点でも，既存の学校教育に対する見直しが迫られるようになったのである。第三に，技術革新の飛躍的な進展により，定型的なフロントエンドタイプの教育訓練が

---

[3] ここでは，あらかじめすべての準備を終えてから事業を実施するようなシステムをいう。一般に，初期の作業がフロントエンド，終わりの作業がバックエンドである。

効果を減じていたことも挙げられよう。もちろん，各国で肥大した学校教育システムの負担の重さに関する財政的な問題が無視し得ない段階にさしかかっていたことも重要である。

　生涯にわたって学ぶという概念は，そのような状況のもとで，まず1960年代半ばに登場してきた。もっとも，当初は生涯学習（lifelong learning）ではなく，生涯教育（lifelong education）または生涯統合教育（lifelong integrated education，原語はフランス語で l' education permanente）として，パリで開催された第三回世界成人教育推進国際委員会で，ユネスコ成人教育課長であったラングラン（Paul Lengrand）の提出したワーキングペーパーにおいて初めて提唱された。ラングランは，その後その生涯教育概念を整理して"Perspectives in Lifelong Education"（1969）にまとめあげているが，その中で彼は，「教育とは，一人の人が初等・中等あるいは大学のいずれを問わず学校を卒業したからといって終了するものではなく，生涯を通して続くものである」と旧来の教育概念に明確な異議を投げかけたのである。

　ラングランは，それによって教育システムの抜本的な改革を目指した。彼の提唱した改革点は，①人の誕生から死にいたるまで，一生を通じて教育機会を提供する，②人間の発達における総合的な統一性という観点から，種々の教育機会を調和的に統合する，③労働日を調整し，教育活動や文化活動に利用しうる休暇などの措置を促進する，④既存の初等・中等・高等学校を地域文化センターとして活用する，そして⑤従来の教育観を根本的に改め，教育本来のあるべき姿を回復するために，生涯教育の理念の浸透に努める，といった，具体的かつ戦略的なものであった。もっとも，生涯教育の理念は，決して一握りの天才的な知性が突如として無から構築したひらめきの所産などではなく，それまでの成人教育と学校教育の伝統の蓄積を基に，それらを有機的に統合する形で提

示された概念だったのであり，そうした既存の理念や実践の統合体としての性格が非常に強かったことには留意する必要があるだろう。そうした背景もあって，生涯教育というコンセプトそのものが，総花的な，厳密性を欠く曖昧なものになってしまったことは，ある程度必然的であったのである。

### （3）日本における展開

　わが国の教育が「生涯学習体系」に舵を切る契機となったのは，1984年に中曽根首相の諮問を受けて発足し，86年まで審議を続けた臨教審での議論であった。しかし，その臨教審での審議にしても，「最初から生涯学習論を展開したのではなく，逐次答申方式のなかで，個別の改革案を貫く共通原理を求めるうちに，生涯学習を『発見した』のである」というのが実情だったようである[4]。そもそも，首相直属の臨教審は，他の教育関係の審議会とは全く違って，教育関係者を意識的に排除して構成された審議会であったため，初めから明確な教育学的観点からの理論的裏付けがあって登場した概念ではなかったのである。

　ただ，当時の文部省には，生涯学習をもっと積極的に評価し，利用しようとした勢力も存在した。彼らは，臨教審の中心的課題であった新自由主義的教育改革推進に際してのセーフティネットとして生涯学習体制を考えていたのである。たとえば，そうした教育改革の不可避的な影響として考えられるのは，学力格差の拡大や経済的な理由から上級学校への進学を諦める層，あるいはニート，フリーターなどの増加であるが，大学など既存の教育機関ではそうした問題の解決にほとんど寄与できないと考えられていたからである。当時文部省で政策検討の中心にいたある関係者は，ゆとり教育に関する新聞記事の中で，記者の質問に答えてこう語っている[5]。

---

4) 市川昭午『臨教審以後の教育政策』353頁。
5) 寺脇研の「朝日新聞」2005年12月4日付朝刊での発言。

……日本の社会はみんな横並びがいい，大きな政府でどんどん金を投入しようとやってきた。だが，豊かな社会が達成され，それではもたないから小さな政府にかじを切るよ，となったわけです。……臨時教育審議会がつくられた。文部省は株式会社立学校や学校選択の自由で押しまくられる。そこで，しっかりセーフティネットワークを張る作戦に出た。それが「生涯学習」です。ドロップアウトしても，いつでもだれでもどこでも学べ，やり直せるように，と……

この記事からも分かるように，生涯学習は，少なくとも教育システム全体を企画し指導する中央官庁のレベルでは，ドロップアウトの受け皿，つまりセーフティネットと考えられていたのである。臨教審の提唱した教育改革は，新自由主義を標榜して日本の教育の自由化，多様化，そして市場化を柱としていたが，同時に，もう一つの柱として「生涯学習社会の実現」が掲げられたのは，そうした背景があってのことであった。要するに，日本の生涯学習体系への移行は，財界や世界市場が求めた社会全体の市場化（つまり従来は金銭を媒体としてこなかった慣習的，文化的，情緒的，地縁共同体的な関係を，市場を仲立ちとする関係に変えていくというムーブメント）の一環として主唱された理念だったということである[6]。

1980年代から90年代にかけてのその時期は，それまでの教育委員会主導の社会教育が大きく変動した時期であった。社会教育終焉（不要）論[7]あるいは市民文化論，生涯学習民営化論などの影響もあって，戦後40年にわたって継続されてきた社会教育行政が，生涯学習社会への移行という方向に大きな転換を余儀なくされたのである。88年の社会教育局の生涯学習局への改組，90年1月の第14期中教審「生涯学習の基盤整備について」の答申，同年6月の「生涯学習の振興のための施策の推進体制等の整備に関する法律（以下，生涯学習振興法）」の成立，そして同

---

6) 放送大学も，その生涯学習体制化政策の最前線機関として，監督官庁の全面的な支援を受けつつシステムの整備拡充を推し進めてきたのである。

7) 松下圭一『社会教育の終焉＜新版＞』（公人の友社，1986年）

年8月の社会教育審議会の廃止と生涯学習審議会の発足という，生涯学習関連の重要な出来事が矢継ぎ早に起こった。とりわけ，生涯学習振興法の成立とその施行は，社会教育の生涯学習化に決定的な根拠を与えたのみならず，それまで教育委員会の専権領域であった社会教育の領域に，首長部局が中心的に参加してくることをも促したのである[8]。これによって，生涯学習行政の二重構造の問題と社会教育所轄部課（教育委員会）のアイデンティティの危機が惹起されることとなった。

また，生涯学習振興法では「民間事業者の能力」を生涯学習の振興に活用することも積極的に認めたが，それは1974年の本格的なカルチャー・ビジネス（朝日カルチャーセンター）の誕生以来，民間の成人教育事業が着実にマーケットを拡大してきたという現実を，遅ればせながら追認したという側面が強かったと言えよう。いずれにせよ，生涯学習振興法と前後して，首長部局の所管になるコミュニティセンターが主要交通機関の駅前などに設置され，そこでは民間団体に運営の一部を委ねつつ，民間教育産業による教育ソフトおよび学習情報の提供がなされるなど，民間活力の比重を一段と高めた形での生涯学習活動が展開され始めたのである。

## 2. 生涯学習と成人学習者

### （1）成人教育の根拠

現在でも成人教育（adult education）は生涯学習の主要な部分を占めている。成人教育は語義どおりに理解するならば，成人に対する教育行為であるということができる。しかし，この簡潔にして単純な表現は，一つの矛盾を内包している。というのも，基本的に成人とは一つの社会の構成員となるための社会化が十分に達成されていて，その成果をもっ

---

8）生涯学習振興法の第11条は，「都道府県に都道府県生涯学習審議会を置」き，それが「教育委員会または知事の諮問に応じ，……生涯学習に資するための施策の総合的な推進に関する重要事項を調査審議する」ことを定めている。

て生産活動，社会活動を実行することが期待されている存在であり，本来的には教育の対象とは考えられていないからである。むしろそのように社会化が完了していることが成人の本質的な定義になっていると言ってもよいだろう。その成人になぜ教育が必要とされるのだろうか。成人教育のためになぜ社会の財の一部が割かれなければならないのだろうか。そして，それらが単なる個人的な趣味の活動の集まりではなく，制度的な「教育」という範疇に含められるのはなぜなのだろうか。

それらの問いに対する統一した答えはそれほど簡単に得られるものではない。というのも，全員の出発点がほぼ普遍的に共通している子どもに対する教育とは異なり，社会によって，あるいは時代や歴史によって，教育を必要とする成人のあり方は多様であるため，成人教育の背景や存在理由にもそれに応じた多様性があり得るからである。

しかし，共通性がないわけではない。一般に，成人に対する体系的な教育には次のような存在理由や社会的要請があると考えられる。まず第一は，学校教育の程度の違いによって生じた社会経済的不平等の緩和ないし部分的解消という存在意義である。近代社会の学校教育は機会均等を標榜している。しかし，現実には経済力の差，出身階層による文化的資本の差，性差等により，そこでの達成に明らかな不平等が存在する。その結果として，貧困，失業，犯罪，非行，社会の不安定といった状況が生じているとしたら，また，不平等のために社会的連帯が損なわれているとしたら，その不平等を社会政策的に，場合によっては社会改良運動の一環として解消していかなければならない。そのための補償教育という存在意義がこれである。成人基礎教育，基礎的な成人職業教育などにこうした意義を見出すことができる。

第二の存在意義は，国民，市民の基本的な権利としての自己実現欲求に応えるというものである。近代国家は，ほぼ例外なくその国民が文化

的な生活を求めることを基本的に保障している。それを根拠として，市民への教養教育，成人の余暇学習活動といった範疇での公的な教育活動が正当化されるのである。存在理由の第三には，移民政策の一環としての意義を挙げておこう。戦後の日本ではさほど深刻に意識されなかったことであるが，言語が異なり，文字も読むことができない移民や長期滞在外国人，ニューカマーに対する識字教育や市民性教育などは，成人教育の目的として，近年日本でも特に重要となっているものの一つであり，近年急速にその必要性が指摘されている。最後に，日々進展する技術に対応するための職業教育への社会的要請も挙げておかなければならない。就業期間と学習期間とを交互に繰り返すリカレント教育も，その多くはこの範疇の成人教育に属すると言えるだろう。

**（2）成人学習者の特性**

　ここで，成人学習者というのはどんな学習者なのか，若年学習者との違いはどのようなところにあるのかについて検討しておこう。かつて教育が専ら子どもだけのための課題だと考えられていた"ラングラン以前"には，成人学習者はいわば「大きな子ども」と見做され，その特性を考慮されることはほとんどなかったと言ってよい。しかし，教育が人間の生涯を通じての課題であると捉えられるようになることにより，子どもの（従って伝統的な）教育と成人の教育との差異も検討されるようになった。アメリカの成人教育学者ノールズ（Malcolm S. Knowles）は，成人学習者の特性を次のような四項目にまとめている[9]。

① 強い自己概念……成人学習者は自らを，自己統制（self-direction）能力のある人間だと考え，他人からもそう見られたいと望んでいる。従って，自ら学習計画を立てたり，学習成果を自己評価することを好む。

---

9) Knowles, Malcolm S., *The Adult Learners–second edition–* (1978) pp. 184-185.

②　経験指向性……成人学習者は，自分の経験を自分自身と同一視し，学習の場にそれを持ち込む傾向が強い。したがって，情報伝達型の学習より，経験的学習や学び方の学習，誤答経験を通じての学習等の効果が高い。
③　学習に対するレディネス……子どもが心身の発達に応じたレディネスを持つのに対し，成人学習者は社会的，職業的役割に応じたレディネスを持つ。従って，彼らは自らに求められる社会的，職業的能力と学習内容との合致を望む。また，学習効果のピークは，その学習内容が必要とされる時と一致する。
④　問題中心型の思考……子どもの学習が，将来用いるであろう知識の蓄積を目指すのに対し，成人学習者は問題の有効な解決法の学習を求める。したがって，成人の学習には問題中心型であること，学習内容の現実への適用機会があること，そして速修性が求められる。

ノールズは，このような認識に立って，成人教育を子どもを対象とした伝統的教育であるペダゴジー（pedagogy）に対し，アンドラゴジー（andragogy）として分別した。さらに，成人を狭義の成人と高齢者に分け，後者の学習に関してはジェロゴジー（gerogogy），つまり高齢者教育というモデルを設定すべきだという主張もされている。というのも，学習者は高齢になるほど，①自己概念が依存的となり，②無数の経験を学習に適用することに困難を生じ，③社会的役割と経験とが乖離し，④問題解決指向から教科指向となり，⑤学習への参加それ自体に喜びを見出すようになる，ということが経験的に知られているからである。

こうした，いわば成人学習者の特性論には，成人教育に対する一つのイデオロギーに基づいた現状の正当化に過ぎない，こうした類型化はすべてのいかなる社会，いかなる状況にも普遍的に妥当するものではな

い，ペダゴジーへの根本的誤解の上に成り立っている，単なる"gogimania"である，等々といった批判も多い。確かに，ノールズらの類型化は，厳密な意味での理論とは言えない。むしろ，実践の反復から得られた経験的知見を，実践の改善を目的として系統的に整理したモデルに過ぎないと言うこともできよう。しかしそうではあっても，ノールズらの示したモデルが，日本の成人学習の理解に与える示唆は決して小さいものではない。彼らのモデルの示す諸特性を一種の基準として，日本の成人及び成人学習者の特性を位置付けることができるからである。

## (3) 成人学習の現状

ここで，生涯学習の現状について簡単に見ておこう。まず，やや古いデータながら，それに関連する成人の学歴達成の国際比較を見よう（図13-1）。OECDは，加盟各国の教育に関するデータをまとめて発表し

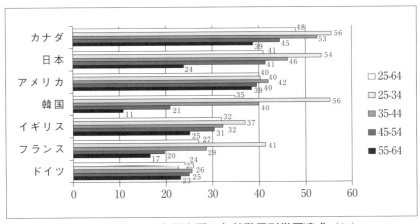

図13-1　OECD主要各国の年齢階層別学歴達成（％）
（出典：OECD "Education at a Glance 2009" より作成
〈データは2007年度〉）

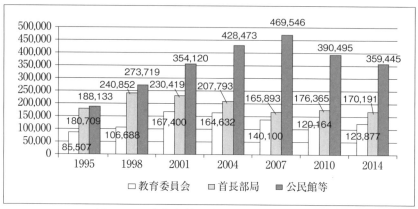

図13-2　実施主体別学級・講座数（全国）
（出典：文部科学省「社会教育調査（2015年）」）

ているが、その2009年度版によると、日本の25歳から64歳までの高等教育達成率（つまり当該年齢人口の内の高等教育卒業者の比率）は41％で、48％のカナダに次いで加盟30カ国中の第2位となっている。世界の第2位というと高い達成という印象を持つが、もう少し詳しく見てみると、日本の特殊性がはっきり見えてくる。25歳から34歳の層では54％で56％のカナダ、韓国に次ぐ54％で2位に躍り出るものの、55歳から64歳の層（ちょうど団塊の世代が当時その中央にいた）ではわずか24％と急に低くなり、順位も12位とほぼ真ん中のレベルに落ちてしまうのである。

　生涯学習を量的に把握するというのは、実は非常に困難なことなのである。不定形で十人十色の形態がある学習という概念規定から考えても、数量化が困難なのは当然と言えよう。しかし、きわめて大づかみではあれ、公式統計から傾向を推測する方法はある。たとえば、社会教育施設に関する全国レベルのデータである。図13-2に掲げた文科省の社会教育に関する全国調査（3年ごと）の結果を見ると、学級・講座数で

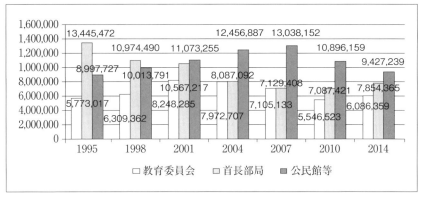

図13-3　実施主体別学級・講座の受講者数（全国）
（出典：文部科学省「社会教育調査（2015年）」）

は，1995年度にほぼ同数だった公民館と首長部局（コミュニティセンター等）との間の差が大きくなり，一時は30万件以上も開いてしまったことが分かる（2014年度の差は約19万件）。

　また，受講者数を見ても，その傾向ははっきり見て取れる。公民館等は，1990年の生涯学習振興法施行の後，首長部局と教育委員会とのいわゆる「二重構造」で低迷した時期を経て，今度は教育委員会とも距離をとりつつ，独自の立場で復活を遂げたことが推測できるのである（図13-3）。ただ，近年は公民館の統廃合が進み，館数が約4千館減少したことにより，受講者数も再び減少傾向にある。

　それぞれの実施主体による学級・講座を，内容別に件数ベースで見たものが図13-4である。公民館等では教養向上が中心であるのに対し，首長部局では家庭教育や家庭生活に関するものが中心となっていて，ある程度の"分業"が成立していることが見て取れるだろう。教育委員会主催のものはそれらの中間的な構成で，バランスをとっている（あるいは自ずととれてくる）のではないかということが推測されるのである。

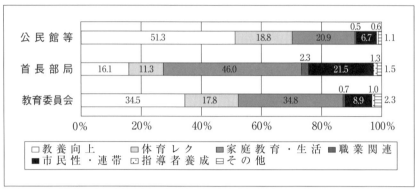

**図13-4　実施主体別に見た学習内容ごとの学級・講座構成比**
（出典：文部科学省「社会教育調査（2015年）」）

## 3．生涯学習の近未来

### (1) 社会教育と生涯学習

　松下圭一は，1986年の著書『社会教育の終焉』の中で，わが国の社会教育はすでにその歴史的使命を終えていると批判した。松下は，戦後再出発した社会教育行政も，戦前から引き継がれた誤りのない「官」による未熟な「民」の包括的教育，つまり官治・無謬・包括を前提とした「オシエ・ソダテ」の発想を根底に持っていると指摘する。社会教育行政においては「官治・無謬・包括という教育的発想の継続のもとで……自立した市民文化活動をなお『教育』に包括しうるかのような考え方」[11]が戦前より続いており，それによれば「社会教育行政は国民の市民性の未熟のうえにのみなりたつにすぎない」[12]のだから，今日の都市型社会の「市民文化活動が多様化・高度化し，市民の文化水準が行政の文化水準をのりこえている」[13]という現実のもとでは，社会教育は必然的に終焉すべきである，というのが松下の批判の骨子である。その上で，「教

---

11) 松下，前掲書，76頁，133頁，240頁。
12) 松下，前掲書，4頁。
13) 松下，前掲書，133頁。

養と余暇の増大とともに，今度は市民が〈創る〉時代へと入ってくる。……成人は，教育対象ではなく，文化主体へと変わる」ことが予見されている[14]。

　こうしたラディカルな社会教育終焉論に対しては，「民間教育文化事業が大都市部に偏在し，また学習に高額の授業料を要する，などを考えると，教育機会の均等という意味からも，行政が社会教育そのものから撤退することは許されない」[15]，あるいは「社会教育終焉論の行きつく先は，市民文化論，生涯学習民営化論の差はあっても，地域住民の学習権の公的保障・公共サービスの否定である。その結果，成人の学習の場が学習の効率化と商品化の横行する修羅の巷と化す必然は贅言(ぜいげん)を要しない」[16]といった批判も数多く示されている。トーマスは，民営化論に対し，①市場原理のもとでは，一定水準以上の経済状況にある人々だけしか学習機会を十分に享受できない，②健全な農村社会を維持することは利潤を生まない公共部門を担当しない民間企業には不可能である，③社会的マイノリティに対する配慮をなし得ない，④民営企業は教育に関する専門スタッフを抱えにくい，といった理由から，強い反対の立場を示している[17]。

　一方，松下は，自らの社会教育終焉論に対して「社会教育行政は不可欠」という反論が当然なされることを予測した上で，「その不可欠の根拠は市民の〈実際〉の未熟にしぼられてくるにちがいない。……市民文化活動の自立は社会教育活動の終焉となるという事態の再確認とならざるをえない。つまり終焉のテンポの測定をめぐる対立ということになろう」と指摘している[18]。市民はすでに自立的，自主的で高度な文化的活動をなし得る水準に達しているのか否かの認識の問題だと言うのであ

---

14) 松下，前掲書，240頁。
15) 麻生誠・堀薫夫『生涯発達と生涯学習』(1997年) 190頁。
16) トーマス『日本社会教育小史』に寄せた藤岡貞彦の訳者前書きより。
17) トーマス，同書，210～214頁。
18) 松下，前掲書，241～242頁。

る。確かに，高い意識を持って文化的活動を自主的に行っている市民層が存在することは事実であるが，それをもって市民層の代表とし，行政による基礎的な教育の必要性をも全く否定してしまうのは，いかにも時期尚早の感を否めない。加えて，グローバル化の外圧が年ごとに強くなっている現在，成人ニューカマーの再教育，基礎教育，市民性教育の必要性は，強まりこそすれ決して弱まってはいないのである。

現在のいわゆる「生涯学習振興法体制」は，ある意味で，社会教育終焉論や民営化論と社会教育擁護論との折衷的な構造を持っていると見ることもできる。そのことを単に「官僚的算術の結果」と批判するのはたやすいが，むしろ，市民各層の文化水準，学習欲求水準の多様性に対応することを考慮した結果だと考えるべきであろう。社会教育は他の先進諸国に類を見ない日本独自の形態であったが，それだけに，他の先進諸国で見られるように，今後は多様な学習要求に対する多様な行政，多様な機関というあり方が最も現実的であって，かつての社会教育行政のような包括的な行政そのものへの回帰はないと考えるのが妥当であろう。

### （2）直面する課題

そうした実態を踏まえた上で，最後に現在の生涯学習が直面する課題について俯瞰してみることにしよう。

課題の第一は，生涯学習行政の関与，行政当局による学習者の統制の問題である。厳密に見るならば，生涯学習行政が政治的に中立であることは難しいのだが，それでも，学習者が画一的な理念や内容，方法等を一方的に採用させられてしまうようなシステムを排し，多くの選択肢の中から自らの判断で選び出すことができる学習体制づくりを目指すべきであろう。これは，かつてラングランの後のユネスコ成人教育課長となったジェルピ（Ettore Gelpi）や松下圭一によっても強く主張された点

である。ただ，現在の日本における状況を考えた場合，まだそれほど深刻な問題になっていないことは事実である。

　第二は，市民の学習要求にどう応えていくべきかという課題である。あらゆる学習要求（want：流行や時代の気分といったものも影響する表層的な希望）にそのまま対応していくことは，財源的にも学習効果の面でももはや不可能である。そのためにも，施設や設備への投資といったハードウェア整備中心ではなく，学習支援情報ネットワークの整備，指導者人材の育成，学習支援ワーカーの処遇の充実等，ソフトな領域へ行政的，財政的な重点を移すことが早急に求められる。

　三点目は，生涯学習施設のインテリジェント化の問題である。学校教育財政と比較して，生涯学習財政はいっそう緊縮化することが予想される。そうである以上，学校教育に加え，限られた財源の効果的配分が最重要課題となってくることは必定である。生涯学習に関する情報提供業務の充実により財政的な重点が置かれるべきであろう。

　四点目は，人材の問題である。情報提供や施設のインテリジェント化とはいえ，生涯学習が基本的に「人と人との接触を現場の原点とする」以上，生涯学習や学校教育の範囲内での閉じた人材供給ではなく，たとえば，生涯学習機関のマネジメントのための人材を企業に求め，学習内容の企画や評価のための人材を大学に求めていくことを進めると同時に，生涯学習支援のリーダー養成を進める役割やボランティアを積極的に活用していくことなども求められる。

　五点目は，他の組織や機関との連携，関わりの問題である。人びとの多様な学習欲求に応えるという場合，生涯学習のマーケットの形成とカルチャービジネスの参加にも注目する必要があるだろう。カルチャービジネスとの連携を進めることで，人々のwantにある程度応えることが可能となる。とはいえ，重要な分野でのneed（学習者だけでなく，社

会的にも求められる本質的な必要性）については，行政の十分なバックアップが不可欠だということになろう。

　さらに六点目として，多角的なメディア利用も課題となる。インターネットによる学習は，成人にも高齢者にも，また学齢期の若年学習者にも有効であり，基盤整備と誰にでもアクセスが容易なシステム作りが求められる。

　最後の七点目は，講座提供型以外の教育形態の工夫である。たとえば，時間を作ったり場所を移動したりすることの困難な学習者のためのアウトリーチ，デリバリー，学習者が学習目標を設定し，指導者とともに学習内容，手段などを策定し，契約書の形で取り交わす学習契約なども今後有望なオプションになっていくと思われるのである。

## 参考文献

麻生誠・堀薫夫『生涯発達と生涯学習』（放送大学教育振興会，1997年）
市川昭午『臨教審以後の教育政策』（教育開発研究所，1995年）
岩永雅也『生涯学習論―現代社会と生涯学習』（放送大学教育振興会，2006年）
佐藤卓己・井上義和編『ラーニング・アロン―通信教育のメディア学』（新曜社，2008年）
ジェルピ，前平泰志訳『生涯教育　抑圧と解放の弁証法』（東京創元社，1983年）
トーマス，藤岡貞彦・島田修一訳『日本社会教育小史』（青木書店，1991年）
益川浩一『生涯学習・社会教育の理念と施策』（大学教育出版，2005年）
松下圭一『社会教育の終焉＜新版＞』（公人の友社，2003年）

## 研究課題

① 現代社会においてわれわれが生涯にわたって学び続けることには，そもそもどのような意味があるのか。問題点も含め，現実的に考えてみよう。
② 今後，団塊の世代の動向が生涯学習全般にもたらすと思われる影響について，社会教育行政，学習市場，学習方法等々，さまざまな観点から考えてみよう。
③ 海外の国や地域における生涯学習の実態について調べ，そのさまざまな方法や制度，組織の日本への応用可能性について考えてみよう。

# 14 | 海外の動向 ―世界の教育社会学―

　教育社会学は，本来西欧起源の学問体系である。日本の教育社会学も，第二次大戦後に欧米諸国の教育社会学の強い影響の下に展開してきたという経緯がある。そうした状況は今日でも大きく変化しているわけではない。本章では，日本の状況との比較を念頭に置きながら，主要な数カ国を取り上げ，それらの国々における教育社会学の歴史や展開，および現状などを概観していく。

デュルケムが初めて教育社会学（当時の講座名は「教育の科学」）を講じたパリ大学（パンテオン・ソルボンヌ）の階段講堂（アンフィテアトルム）と，大学中庭から見たソルボンヌ教会のドーム。

《キーワード》　アメリカの教育社会学，イギリスの教育社会学，フランスの教育社会学，ドイツの教育社会学，オーストラリアの教育社会学，アジアの教育社会学

## 1. 教育社会学の潮流

### （1）全体的俯瞰

　学問体系としての教育社会学には，大きく分ければ，社会学においてもその形成期に重要な役割を果たした前出のデュルケムやウェーバーらの思想に基づくヨーロッパにおける理論研究と，それらを統合的に受容して発展させたアメリカのプラグマティズムの伝統に基づく実証研究の二つの源流がある。そのいずれの立場に立つかにかかわらず，教育社会学は，教育に関わる社会構造，社会要因の機能的影響，教育現象・病理などに対し社会学的アプローチをとる点に，最大にして共通する特徴がある。

　教育社会学は，これまで人的資本論などに依拠する教育投資と経済生産性の向上の関係などのマクロなテーマ，あるいは教師と生徒の相互作用などの学校内部プロセスや，家族の持つ文化資本と子どもの社会化といったミクロなテーマに幅広く取り組んできた。方法論的にも，大規模データに基づく量的調査，インタビュー，参与観察，エスノグラフィー，アクションリサーチなどの質的調査といった多様な手法を取り入れた研究が広範に行われてきている。

　教育社会学は，社会学から派生した歴史的経緯から，アメリカ，イギリス，フランス，ドイツ，オーストラリアでは社会学の下位領域の一つとして発展してきた。しかし，その発展過程で，教育社会学は社会学の本流から離れて教育学に位置付けられ，社会学部ではなく教育学部や教員養成講座に置かれ，教育学の基礎科目や教職科目として教えられる場合も多い。

　一方，アジア諸国では状況に違いが見られる。韓国，台湾では，1950年代以降の欧米での教育社会学の先行研究や理論を取り入れるかたち

で，アメリカへの留学経験者などを介して後発的に学問的確立が試みられた。また，文化大革命の時代に，とりわけ社会科学系の学問が否定的に扱われた中国では，教育社会学は社会学の一分野として「偽科学」，「資本主義の学問」などとされ，20年以上その分野での研究が行われず，空白の期間が存在した。しかし，「四つの現代化」「改革開放路線」がとられた1979年以降，中国でもカリキュラム，学級，授業などを対象にした教育社会学分野における研究が始まり，地域ごとに研究会が開催されるなど，教育学，社会学の双方からの教育社会学研究が行われるようになってきている。こうしたことからも分かるように，アジア諸国での現時点までの研究動向は，欧米での理論的展開や問題関心の推移に強い影響を受けた研究が主流になってきたと言えるのである。

　教育社会学の学問特性として特記すべき点は，現実の問題状況に実証的に関わる点から，教育や社会の不公正，不平等の是正を目指す政策科学としての色彩が強いことである。たとえば，アメリカにおける「コールマン・レポート」（Coleman Report）や「危機に立つ国家」（A Nation at Risk），オーストラリアにおける「カーメル・レポート」（Karmel Report）などによる実証データ提供や報告書提出を通して，教育社会学の研究成果は教育改革の推進や教育政策の立案の根拠とされた。このような政策科学としての性格により，ドイツでは大学以外の公的研究機関でも政策研究が盛んに行われている。反面，教育政策や教育改革に資するテーマが公的研究助成金などで優先的に採択され，研究テーマが政策に誘導される懸念，つまり学問の独立性の問題が指摘されることもある。

### （2）研究の展開

　経済状況や社会構造の変動に伴い，教育社会学のテーマや手法にも変遷が見られる。第二次世界大戦以降の教育社会学の展開を1960年代，

1970〜1980年代，1990年代以降の三つの時期に区分して見てみよう。

① <u>1960年代</u>　経済ナショナリズム（次章参照）を背景に，構造機能主義に基づく教育社会学研究が盛んに行われるようになった。多くの国で，戦後の経済的発展とともに，中等教育や高等教育が拡充されたが，その過程で生じた諸変動を通して，学校教育による社会への人材供給，人材の選抜・配分のメカニズム，教育機会と階層分化，社会移動に焦点が当てられ，教育達成の階層的不平等の解決がテーマとして頻繁に取り上げられるようになった。

アメリカでは，大規模調査に基づいた社会移動や地位達成研究が盛んに行われ，また，パーソンズらにより，家族の社会化・安定化機能や学校の社会化・選抜機能などの調査・分析が進められ，構造機能主義的社会学も興隆を極めた。教育社会学が提出した理論や実証データは，ケネディージョンソンの民主党政権のもと，市民活動や公民権運動の過程の中で，人種差別廃止のための生徒のバス通学（busing）やヘッドスタート（head start）など，社会経済的に不利な状況にある子どもへの補償教育政策の根拠として用いられることも多かった。

一方，フランスにおけるブルデュー（Pierre Bourdieu）らの文化資本論，ブードン（Raymond Boudon）の機会不平等論，イギリスにおけるバーンスティン（Basil Bernstein）の言語コード論などの文化的再生産に関する研究例に見られるように，ヨーロッパ諸国では，伝統的に根強く存在する階層社会の教育達成に関連した不平等や社会移動の研究が，数量的な分析を主とする「政治算術」により行われた。

② <u>1970-1980年代</u>　アメリカでは，親学問である社会学での構造機能主義理論から葛藤理論・解釈論へのパラダイム転換の影響を受

け，構造機能主義的社会学に対しマルクス主義的視点からの批判的検討が行われるようになった。イギリスでは，「新しい教育社会学（new sociology of education）」と呼ばれる動きが生じ，伝統的な構造機能主義に立つマクロのアプローチから離れ，ミクロな解釈論的アプローチの採用が見られるようになった。たとえば，教育の失敗は階級に基づく不平等といった構造的要因にあるのではなく，ブラックボックス化した学校内部における教師の役割，教授法，隠された（潜在的）カリキュラムなどに起因すると考えられるようになり，その結果，学校内部の不平等メカニズムの解明が中心テーマとなった。

その後，社会学に加えて，言語学・哲学・政治学などの分野で，ポスト構造主義の影響を受けた新しい概念に基づく研究が現れ，権力と知に対するフーコー（Michel Foucault）理論の応用としての言説分析などが盛んに行われた。

③ <u>1990年代以降</u>　グローバル経済化の流れの中で，国際競争における優位性の将来予測要因として，OECD/PISA（生徒の学習到達度調査）などの学力の国際比較調査の結果が各国政府に影響を与え，人的資本論に基づく教育政策や教育投資への政治的関心が高まるようになった。また，各国で新自由主義に基づく政策がとられるようになると教育の私事化（privatization）が進み，同時に公共支出削減とともに効率性の維持や教育政策のアカウンタビリティ（説明責任）の明示化といった社会的要請も生じた。多くの国で政策的に教育水準の向上が目指され，アメリカやイギリスなどでは，学力調査や教育効果の測定結果が教育予算と結び付けられるようになった。一方，ドイツやフランスなどでは，移民や社会的に恵まれない人々の教育に焦点が当てられるようになった。このような社会背景の中

で，教育社会学研究の一部として，学力テストの分析など教育政策立案に資するエビデンス（客観的証拠）の提供が期待されるようになってきた。一方，学校内部に焦点をあてた研究では，生徒のいじめの構造を解明するエスノグラフィー的研究や，社会全体の不平等ではなく，教員の学習への働きかけの影響など学校内部の要因における学業達成の不平等に関心が向けられていくようになった。

## 2. 近年の研究動向

### （1） 全体的傾向

　このような変遷を経て，今日の教育社会学は，複雑で多岐にわたる研究領域，多様で混合的な研究手法，学際的研究が優勢となり，その内容が著しく分化し，学問的アイデンティティが拡散してきている。また，かつて構造機能主義が産業社会を，マルクス主義が階級社会を社会モデルとして取り上げたのに対し，現段階の教育社会学は，どの国や地域にあっても変容する流動的社会のモデルを適切に構築できずにいる。

　研究テーマをめぐっては，アメリカとイギリスの教育社会学の趨勢が国際的影響力を持つことは否めないが，各国の文脈にそった特徴的な研究テーマもある。たとえば，フランスやドイツでは移民の教育達成（落ちこぼれ問題）や社会階層ごとの社会化プロセス，社会的性格（家庭内でのしつけや言語コード），ドイツの旧東西ドイツ間格差，各州間の地域格差，早期分岐型学校制度の影響などがテーマとされ，中国では一人っ子教育や少数民族教育，農村出稼ぎ労働者の子どもに対する教育などが，韓国では学校内暴力や教員の権威失墜の問題，学歴と労働市場のミスマッチなどが，そしてオーストラリアでは多文化教育，先住民教育などが研究テーマとなっている。

総じて，現在にあっても，社会学，哲学やカルチュラル・スタディーズなどの学問に準拠しながらも，教育社会学の焦点は，常に現実の教育事象をめぐる文脈から生み出される教育の不平等に置かれることが多いと言えるだろう。

**（2）関連する学会と学術雑誌**

　教育社会学に関連する学会は，アメリカ，イギリス，フランス，ドイツ，オーストラリアでは社会学会の分科会として位置付けられている。たとえば，「アメリカ社会学会」（ASA）では52分科会のうちの一部会，「オーストラリア社会学会」（TASA）では，25部会のうち4番目に大きい部会である。また，「イギリス社会学会」（BSA）では教育社会学に特化した「フーコーと教育」，「社会階級と教育」といった定期的なセミナーや会議を開催している。一方，「アメリカ教育研究学会」（AERA），フランスの「教育諸科学会」（AECSE），ドイツにおける「ドイツ教育科学会」（DGfE），「実証的教育研究学会」（GEBF）など，教育学関連の学会においても，教育社会学のテーマでの発表や投稿がなされている。

　アジアに目を転ずれば，中国には教育学会と社会学会の下位組織として教育社会学の研究会がある。一方，台湾，韓国では教育社会学会が教育学会や社会学会から独立して存在する。韓国では，1996年に「韓国教育社会学会」が「韓国教育学会」から分離して創設された。台湾では2000年に「台湾教育社会学会」が組織され，それ以降，海外の教育社会学研究者との交流を積極的に行っている。

　教育社会学が興隆したアメリカ，イギリスでは，「アメリカ教育社会学集会」（SEA），「イギリス教育研究学会」（BERA）での社会学者らの専門部会等で，教育社会学に関わる研究が活発に発表されている。また，フランスではフランス，ベルギー，スイスなどのフランス語圏の研究者

を擁する「フランス語圏国際社会学会」(AISLF),同様にドイツではスイスやルクセンブルクといったドイツ語圏内で,国を超えた研究者交流が盛んに行われている。

　学会誌としては,アメリカでは,「アメリカ社会学会」(ASA)による『教育社会学』(SOE)や『アメリカ社会学レビュー』(ASR),「アメリカ教育研究学会」(AERA)による『アメリカ教育研究ジャーナル』(AERJ)のほか,シカゴ大学出版会による『アメリカ社会学ジャーナル』(AJS)や『アメリカ教育学ジャーナル』(AJE)がある。イギリスでは,歴史ある『イギリス教育社会学会誌』(BJSE)が国際学術雑誌の一つとして著名であるが,1991年に教育社会学者バートン(L. Barton)によって『教育社会学国際研究』(ISSE)が新たに創刊され,教育社会学の先駆的知見を提供している。フランスでは,デュルケームが1898年に創刊した『社会学年誌』(*L'Année Sociologique*),1960年に創刊された『フランス社会学年誌』(RFS),ブルデューが1975年に創刊した『社会科学研究誌』(ARSS)など,重層化された学問的蓄積が見られる。またドイツでは『教育と社会化の社会学誌』(ZSE)や『幼児・青少年研究論考』(DKuJ)といったテーマごとの学術誌に主要論文が掲載されている。一方,アジアでは,日本の教育社会学会と同じく,韓国や台湾で『教育社会学研究』の名称を掲げた学会誌が刊行されている。

## 参考文献

ハルゼー，他著・住田他訳『教育社会学―第三のソリューション』（九州大学出版会，2005年）

バレンタイン，ハマック著・牧野・天草監訳『教育社会学―現代のシステム分析』（東洋館出版社，2011年）

日本教育社会学会編『教育社会学事典』（丸善出版，2018年）

### 研究課題

① どのような国や地域であっても，教育という社会システムを客観的・実証的に理解し考察していく上で教育社会学的視点が必要とされるのはなぜか，考えてみよう。

② 各国の教育社会学に見られる研究テーマや研究方法にそれぞれ特徴があることの背景と要因について考えてみよう。

③ 西欧諸国の学問基盤から出発した教育社会学が，世界各国のそれぞれ異なる社会状況の中で，それにもかかわらず共通して持ち続けている要素は何か，考えてみよう。

# 15 | 教育課題
―政策科学への期待と課題―

　経済ナショナリズムの終焉以降，1980年代半ばの臨教審による教育構造改革によって，日本における教育の方向性は大きく変化した。「新しい学力観」の下で，いわゆる「ゆとり」「脱学校化」が政策の要点となり，家族の教育力が持つ比重が大きくなった。家族に返された時間の多くを，テレビ，アニメ，ゲーム，スマホ，そして塾や受験産業が埋めることとなった。そのすべてが市場に関わり GDP を上昇させたため，その限りでは経済的「構造改革」は成功したが，一方で，それが「学力格差」拡大につながったことが指摘されている。そうした臨教審以来の新自由主義の時代を経て，日本の教育は今日大きな混迷と模索の時期にある。ここでは，日本の学校および教育全体が直面する具体的な問題を実態に即して取り上げながら，その背景と解決への糸口を探っていく。

教育をめぐるさまざまな問題状況は現代においても絶えず生じている。まさに教育は最も活発な「生きた社会事象」の一つである。

**《キーワード》** 経済ナショナリズム，フォーディズム，ポストフォーディズム，新自由主義，新保守主義，家族，地域社会，学校教育，政策提言

## 1. 現代という時代

### (1) 経済ナショナリズム

　第二次大戦後，世界の主要各国は，破壊され疲弊した生産と経済の復興を第一に掲げ，「進歩」と「成長」に主眼を置いた経済成長戦略を採った。そうした政策は，より豊かな生活を望む人々の期待感とも合致するものであったため，第三世界からの経済的搾取という否定できない暗部も持ちつつ，おおむね成功裏に進展した。その結果，「先進資本主義社会では，生産高は1950年から1973年までのあいだに180％の増加」を見るまでの経済成長が達成されたのである[1]。こうした成功の根底には，国民経済全体の成長が国民の生活向上の基礎であるという，いわゆる「経済ナショナリズム」というイデオロギーが存在した。経済ナショナリズムとは，まず一国内の生産性を高め，国内総生産の量的拡大を達成した上で，国民にその拡大分を還元して国家的凝集性と秩序を維持強化するという姿勢である。日本にあっては，昭和三十年代，池田内閣の「所得倍増計画」がその最も顕著な政策例となる。

　一方で，資本主義の根底にある自由主義経済つまり自由市場経済は，基本的に，報酬と地位の不平等を前提とし，また動因として成り立つという性格を持っている。そうした性格は，必然的に人々の関心を経済的価値に集中させ，富を基準にした相互の競争関係を強めるため，その経済が進展すればするほど，取引関係，雇用関係，金銭貸借関係といった非情緒的な人間関係以外の，たとえば家族間のつながりや友人関係，地域内の連帯，さらには国民相互の信頼関係といった絆を弱めていくことになるのは避けられない。市場経済を一つの国家社会の中心に据えることには，社会の個人化が進展し，個人のアトム化にまでつながる，という危険が伴うのを否定できないのである。また，そうした経済ナショナ

---

1) ブラウン（Phillip Brown）他「序論：教育と社会の変容」，ハルゼー他編『教育社会学―第三のソリューション―』（2005年）2頁。

リズム政策の遂行は，同時に，文化の同質化と個人の持つ多様なアイデンティティや個性の喪失を招き，一部の人々の集団からの疎外をもたらすという危険性もはらんでいる。

　戦後四半世紀のあいだ，先進諸国の経済ナショナリズムは，この根本的なジレンマをいくつかの政策的対応で巧みに回避してきた。ここでは，そのうち次の三者を示そう。その一つは，官僚制的な組織合理性への同化を国民的至上倫理とすることである。企業や公的事業体などでは，恣意的で情緒的な運営が極力排除され，規約と合理的組織，文書，指示の明確さ，時間の厳守，規格の遵守等々といった要素が重要視された。法律の範囲内の行動は広範に認めても，ひとたび法に抵触した場合には情状の斟酌なく非常に厳しい公的社会的なペナルティを与えることで，形式合理性は市場価値にもまさる至上原理であるという文化を形成し，秩序の崩壊を強力に防いできたのである[2]。

　政策的対応の二つ目に挙げるべきは，教育である。経済ナショナリズムの時代において，教育は表立ったイデオロギー形成の機能を極力低下させた。形式合理性が最も重んじられたこともあって，露骨な愛国的秩序や自国至上主義の涵養あるいは政権の正当化は，メディアの発達と情報化の進展とともに効果を持たなくなり，逆効果さえ引き起こす場合もあったからである[3]。しかし，他方で，学校教育の潜在的な効果，たとえば学習における努力主義や達成への動機付け，あるいは，課外活動，友人関係を通じた連帯感の形成，隠れたカリキュラムによる人間関係意識の実質的な形成などは，むしろ相対的に重要性を高められた。また，学校教育の持つ機能的な人材養成（社会化）と労働市場への選別的人材

---

[2] いわゆる「ライブドア」事件や「村上ファンド」事件とそれへの人々の反応がその象徴である。

[3] いわゆる「新しい歴史教科書」が攻撃した戦後日本の歴史教科書の中立的な記述は，敢えて明確な自国至上主義的なシグナルを出さず，客観性を標榜することで，形式合理的に経済ナショナリズムに寄与するという姿勢の表れと見ることができるのであって，決して「左翼的」「日教組的」なイデオロギーに対応した結果のみと捉えるべきではないだろう。

供給の機能は，社会の階層的秩序を正当化し，維持するための強力な装置となったのである。その結果，社会的地位は教育上の努力によって誰でも獲得可能であるという教育的イデオロギーが醸成され，学校化社会や学歴の高度化が傾向的に進展する高学歴化社会が出来することとなった。また，学校教育機会の拡大は，産業構造の高度化と技術革新の進展によっても正当化された。つまり，各国の経済ナショナリズムは，学校教育の機会を量的に普及拡大し，高学歴化，大衆化を絶えず進めることで，側面から社会秩序の維持を担保してきたと言えるのである。

政策的対応の三つ目には，経済の成長基調を挙げなければならない。先に見たように，戦後の先進資本主義国では驚異的な経済成長が見られたが，それは決して結果としてのものではなく，むしろそれが目指された目標としてのものだったのである。本来，一国の秩序の維持安定に成長と進歩は危険な存在でもある。フランス革命に代表される大変革の例を見るまでもなく，社会各層への余剰となった財の蓄積が社会の不安定要因となるからである。原理的には，支配層にとって単純再生産が最も安心かつ望ましい状況であるが，自由経済市場を中心に据えた経済ナショナリズムのもとでは，成長を意図的に止めることは不可能である。そこで，成長を目標とし，その成果を人々に還元することで，体制への同調を高めるという政策が採られることとなった。かつての階級意識は減衰し，それに代わってミドルクラス（中産階級）をめぐる楽観的な神話が醸成された[4]。それに対応し，あらゆる組織においてミドルクラス的職業や中間的職種が増加することとなった。その神話を実効あるものにするためにも，経済成長は欠かせなかったのである。

---

4) 多くの職業で求められる技能が高度化することによって，より長期の教育訓練をより多くの人々が受けるようになり，熟練の程度の低い職業は機械に代替させて，大半の人々がミドルクラス的職業に就くようになる，という神話である。日本では「一億総中流」という1970年代の幻想がこれに当たる。

## （2）経済ナショナリズムの崩壊とポストフォーディズム

　世界史的に見れば、1970年代前半に生じたドルショックと第一次オイルショックが、経済ナショナリズム崩壊の始まりであった。というのも、ドルや原油の流通に代表されるようなグローバル経済の拡大が、一国の安定と繁栄という限られた枠組みの存在を許さないところまできていたからである。80年代になると、経済ナショナリズムを支えた大量生産、大量消費の至上原理であるフォーディズム（Fordism）は、もはやどの国においてもかつてのような絶対的重要性を維持できなくなっていた。フォーディズムは、本来、アメリカのフォード社が開発した科学的管理法であり、生産システムであった。その特徴としては、製品の単純化、部品の標準化、そして生産高に比例して賃金も上昇する生産性インデックス賃金などが挙げられる。イタリアの思想家グラムシ（Antonio Gramuci）は、それが第二次世界大戦後から70年代までの高度経済成長期の象徴であるとして、社会全体の構造を広い意味でフォーディズムと名付けた[5]。広義のフォーディズムは、成長を基調とした経済ナショナリズムに欠かせないシステムであった。生産性の向上による大量生産に対して大量消費による好循環を生み出すため、労働組合活動を大幅に認め、最低賃金を明確に決め、失業補償、生活保護などの社会保障政策を通じて需要を拡大するケインズ的な経済政策が採られていたのである。

　しかし、ドルショック、オイルショックに続く「ブレトンウッズ体制の崩壊」が、そうしたフォーディズムの崩壊、経済ナショナリズムの崩壊に拍車をかけた[6]。通貨（為替）取引の変動相場制への移行をはじめとして、それまで国内市場と国内の政治力学で、つまり国家の枠内で成長と秩序のバランスをとっていた先進各国の政策は、大きな転換を迫ら

---

[5] グラムシ『ノート22　アメリカニズムとフォーディズム』（2006年）
[6] ブレトンウッズ体制は、第二次世界大戦末期の1944年7月にニューハンプシャー州ブレトンウッズにおいて調印されたIMF協定による国際通貨秩序のことである。この体制は、ドルを基軸通貨とする固定為替相場制とドルの金兌換性とを基本に据えたものだったが、71年にアメリカが突然ドルの金との兌換停止を表明した（ニクソン・ショック）ため、終焉を迎えた。

れることとなったのである。各国の政策決定には常に国際的な合意が必要となり，1975年以降は毎年定期的に「主要国首脳会議（サミット）」が開かれることとなったのも，そうした状況への一つの対応だった。さらにはソ連邦の崩壊による東西冷戦の終結も，政治的には大きなインパクトを持った。冷戦終結によって，内部矛盾への不満を東側世界との対抗関係の内に転嫁し解消することができなくなったからである。資本主義社会の矛盾は，資本主義の内部で解決しなければならなくなった。

そうした転換は，単に政策レベルの問題にとどまらなかった。政界も財界も，初等・中等・高等のすべての教育も，地域共同体も，企業も，文化も，人類最古の集団である家族も，そして個人までもが，大きな転換点に立たされたのである。そうした状況は，「ポストフォーディズム」と表現することができる。たとえば，個人や文化のレベルでは，近代（モダン）社会に特有の，自立した理性的な主体としての個人という理念に疑問を呈する動きが出てきた。そうした主体は，形式合理的な経済ナショナリズムを成立させる大前提ともなるものであった。同時に，社会の等質性，体系性，合理的な階層性，科学主義といった理念にも疑問が投げかけられ，人々の行動や思考は，それらによって合理的に決められるのではなく，潜在的な構造的規定要因によってその時々に可能な選択肢が構成され，あるいは少なくとも制約されているのである，という「ポストモダニズム」の考え方がクローズアップされるようになった。ただ，ポストモダニズムには，経済ナショナリズムに代表される近代化論へのアンチテーゼという側面が強い一方で，新たな何かを具体的に生み出す現実的な創造性に欠けるという批判があり，そこに含まれる立場があまりに広範であることもあって，未だ明確な時代精神とはなりきれていない[7]。フォーディズムの崩壊は，社会全体に，そして一人一人の個人に，これまでになかったほどの大きな影響を与えているのである。

---

7) ただ単にモダニズム（近代主義）に対するアンチの立場を指すこともあり，明確な概念の規定は困難である。

## （3）新自由主義と新保守主義

　現代社会を理解する上で忘れてならないもう一つの観点が，新自由主義と新保守主義である。第10章でも詳しく見たように，日本では1980年代に指導的立場にあった中曽根内閣が，そのうちの新自由主義をまず政治の基本に据えた。中曽根内閣は他の先進国と同様に，国家財政の悪化をもたらした「福祉国家＝大きな政府」を見直し，国鉄の分割民営化に象徴されるように，福祉や社会サービス予算の削減等による「小さな政府」を実現して，公的な社会サービスを可能な限り民間と自由市場の競争で確保するという行政改革を積極的に進めた。もっとも，日本では企業組織や市場構造，行政機構など，社会の全般的なあり方が未だ新自由主義に移行するまでに発展していなかったため，その改革の実行は完全なものとはならなかった。

　一方，新自由主義は，それを徹底すると，社会的な連帯や社会への愛，祖国愛などが相対的に薄れていくという危険性も持っていた。特に，過剰な経済的競争は，他者のすべてを競争相手とする契機もはらんでおり，極論すれば，ホッブズの指摘した「万人の万人との闘争」さえも経済的な意味では起こりえたのである。そうした状況を背景に重要視されたのが新保守主義である。新自由主義的による連帯の危機を，伝統・文化・道徳・家族の規範そして宗教といったものを復権させることで回避しようという意図が根底にはあった。経済ナショナリズムが崩壊した頃から，国家の指導者たちが自らも含めて家族の絆を強調するようになり，道徳や宗教的価値を重要視して神に言及するようになった。日本では，国旗国歌に象徴されるいわゆる「愛国心」が公然と論じられるようになっていったのである。

　このように，ポストフォーディズムのもとで，日本の学校も家族も，そして個人も大きな変化を余儀なくされている。社会全体に拠るべき考

え方の体系が見当たらなくなり，当面の人間関係によって行動が決められていくため，刹那的でそれ自体が完了的な行為が珍しいものではなくなってきた[8]。家族成員のアトム化が進み，家族によっては子どもに対する十分な初期的社会化力を持ちえなくなっている。また，学校も，ミドルクラスの楽観的な神話を子どもたちの動機付けに援用する（つまり達成モデルを明示して努力主義の明るい未来を描く）ことが困難となり，社会化不全の子どもたちが陸続と入学してくることもあって，教育力の低下に悩んでいる。企業は，かつてのような企業内教育を縮小せざるをえなくなっている。同時に，短期的な経済性優先の非正規雇用の拡大等により，愛社精神は過去のものとなりつつある。日本では，社会全体が経済と価値の両面での1990年代以来の揺らぎが，現在もなお続いているのである。

## 2. 教育と社会化の直面する諸課題

### （1）家族における社会化とその課題

　現在の日本社会が置かれているそうした状況をふまえ，以下，本書で検討してきたテーマをまとめつつ，それぞれの今日的問題や課題およびそれらへの教育社会学的なアプローチの可能性について考えていくことにしよう。

　子どもは一つの家族の中にほぼ白紙の状態で生まれてくる。他の多くの離巣性の哺乳動物あるいは鳥類の幼体とは異なり，あらかじめ生存の

---

8) 千石保は，『「まじめ」の崩壊』の中で，若者のコンサマトリー（consummatory）化を指摘している。コンサマトリーとは，心理学の概念で，「完了行動」と訳され，摂食や射精など，それが行われることによって欲求が充足され，動機が消滅するような行動である。その対概念が，完了行動のための一連の予備的反応である「欲求行動」である。欲求行動はより高次の中枢に支配される。千石は，現代の若者の行動が，刹那的で「これをしたいからして，終われば満足する」というように，欲求と行動が一対一対応した完了行動になっており，将来に向け「まじめ」にこつこつと準備しなくなったことを指摘したのである。

ための一連のプログラムを脳内，体内に持たないヒトの子どもは，後天的に社会的存在となることによってはじめてサバイバル可能な人間となることができる。他の生物の場合，幼体はもっぱら外的な自然環境への適応を通して成長していく。それに対し，人間の成長では，自然環境以上に社会的環境，集団的環境への適応という側面が強い。むしろ，社会的環境への適応こそ人間の成長の最も中心的な課題であると言える。そのことが，他の種に比較して成体のあり方が著しく多様であることの最大の要因であると言ってよい。

　子どもたちの社会的環境への多様な適応は，さしあたり，その属する家族ごとに異なっている。子どもの家族内における心的な成長とは，自己同一化の心理的な機制により，社会や集団への家族独自の同調の仕方を身に付けることにほかならない。母親をはじめとする周囲の家族成員は，その過程で子どもたちを無条件に受容する（絶対的受容）が，そのことが子どもたちの自我形成に際して，自己を世界の中心に置き，以後どのような外的環境に対してもそこを基点として理解し思考していく心理的な構え，すなわち自己愛を形成させる。そうした自己愛の形成こそが，子どものその後の生涯にわたる社会化の基礎となるのである。

　しかし，家族に課せられた子の社会化の責務は，それにとどまるものではない。さらに進んで，子どもたちが社会の中で定位されるよう，一定の社会的行動様式やコミュニケーションの仕方，ものの考え方を共通の基盤として身に付けさせ，より高いレベルで社会化することが求められるのである。社会化は，社会の側からすれば，人々をその社会の文化にとって適合的な行動様式や資質を持った構成員につくりあげる過程であるし，個人の側から見れば，人々がその社会の行動様式に適した資質や能力，アイデンティティ，あるいはその社会の中での役割といったものを内面化していく過程と考えられる。一般に，幼少期には前者の側面

が強く，成長するに従って次第に後者の側面が強くなっていく。社会化は他者とのコミュニケーションを通じてのみ行われるものであるが，その最も初期の段階では，家族に代表される重要な他者の行動の模倣が主な要素となる。

　そうした機能を持つ家族が直面している問題は，どのようなものだろうか。最も注目すべきは家族の変質である。戦後フォーディズム体制の中では，家計支持者としての男性と家事の担い手（主婦）としての女性という性別役割分担図式が，少品種大量生産，大量消費の要請という背景のもとで概ね成立していた。それが社会と経済の成長を支えていたと言っても決して過言ではないだろう。しかし，その構図は「男女平等参画社会」という理念のもとに大きく変質してきた。今日，構造的にも機能的にも家族は急速に変質しつつあることは間違いない。とりわけ構成員の「個族化」による家族関係の縮小は，家族が従来保持してきた機能の外部化へとつながっている。そして，そうした機能の縮小と外部化が，従来の家族が持っていた子どもに対する社会化力を低下させる要因となっていることも確かである。特に，マスメディアが子どもの発達に大きな影響を与え，家族とは異なる規範を提示することで，家族の規範形成力は相対的に弱いものとならざるをえなくなっている。そのことは，家族，とりわけ母親との会話を内面化することで形作られてきた子どもの内的コミュニケーションのあり方をも変質させずにはおかない。しかし，だからといって家族の役割は決して軽くなることはない。それは，家族がすべての規範の基礎になる，最も基本的な社会化の場だからである。

　子どもにとっての家族の機能はそれだけではない。それと同時に，社会環境と自然環境から子どもを保護するシェルターともなり，また，社会と自然を見る定点を提供する装置としても機能するはずであった。今

日，家族自体が変動の直中にあること，さらにマスメディアの著しい発達もあって親が子どもにとっての唯一の窓でなくなったこと，また従来のような「外部→親→子ども」といった情報の二段階の流れが，メディアの個別化により「外部→子ども」という直接的関係に変化しつつあることなどにより，状況は著しく変化しつつある。近年の家族役割に対する意識の変化は，学校と家庭との教育に関する境界線をどこに引くか，という極めて実践的な問題も引き起こしているのである。通俗的な「勉強は学校で，しつけは家庭で」といった言説も，現実には勉強としつけの二者が必ずしも排他的に規定されるものではないため，実質的な意味を持たないのである。しかし，教育社会学における家族の社会化機能に関するさまざまな研究の成果は，今後とも変動し続けるであろう子どもの自我形成に関わる家族の役割を考えていく上での有用な素材を提供することになるだろう。

**（2）子ども集団と地域社会**

　家族の中で社会化された子どもたちは，やがてその行動範囲や関心の対象が拡がるにつれ，周囲の人々は必ずしも彼らにとって掛け替えのない重要な他者ばかりではなく，「一緒に遊ぶ」「勉強を教えてもらう」「給食をつくってもらう」といった特定の機能で何らかの具体的な目的をもって部分的にのみ関わる一般化された他者も多くいることに気づく。さらに，そうした他者に接する機会も日増しに増してくる。そうした他者との関わりの端緒として，ともに遊ぶことを目的とした地域の仲間集団である子ども集団が形成されることになる。そこでは主として簡単なルールをともなった役割の取得が行われる。

　しかし，現在の地域社会は大きく変質している。都市化と都市機能の高度化が進む中で，子どもたちの遊び場自体が決定的に不足している。

また，住居のあり方の変化も大きな影響を及ぼしている。集合住宅の住民が増え，それらの住戸も戸別の独立性が高まっているため，学校や幼稚園などを介した集団化の開始まで，地域の持つ子ども集団の形成力はほとんど働かないことが多い。そのことが基本的な集団内の連帯意識形成の機会を子どもたちから奪っているとしたら，問題は深刻であると言わざるを得ない。地域における子どもたちの居場所の復活，地域が自然に有していた子どもたちの社会化力の復権，とりわけ地域でなければ十分に社会化できない部分の社会化力の復権には，なお多くの克服しなければならない課題があると思われる。

## （3）学校教育の課題

　今日の学校では，段階を問わず，過剰な統制や逆に統合性の喪失といったさまざまな問題の深刻化が指摘され，その解消と解決が緊急の課題となっている。

　まず，幼児・初等教育段階では，家族の多様な価値が社会的に是認されるようになったことで学校の内部に多元的な価値が持ち込まれるようになり，その結果，従来の統合的社会化と家族の価値との間での矛盾，葛藤が増えてきた。たとえば家族旅行のための欠席をめぐる学校と家族との対立，給食の好き嫌いをめぐる教師と親の意見の食い違いといった場面で，そうした葛藤を見ることができる。社会状況の変化とともに，学校と家族の望ましい関係も当然変化すべきであることは言うまでもないが，家族と学校がどのように関わるのが最も望ましいのか，あるいは役割分担の具体的な基準はどこにあるのか，といった問いの解を求めるのはそれほど容易ではない。

　加えて，現在の学校は学力低下論から続く論争の影響を強く受けている。公的な調査等では，一時期，従来の概念での学力の低下が示され，

そうした学力をつけるための学習への意欲も低くなっていることが明らかにされた（現在は問題状況も緩和されつつある）。しかし，一方で，これまでの学力テストでは測れない新しい学力（いわゆる「生きる力」「人間力」など）や，そうした学力を目標にした学習意欲については，まだ客観的に示されているとは到底言えない。さらに，統合的社会化が目指す集団との協調も，決して軽んじてよいテーマとなったわけではない。現在の学校教育は，そうした諸目的のそれぞれがぶつかり合った，「基礎的学力・集団帰属・新しい学力」の新たな三者対立の状況下にあるということもできるだろう。ただ，低下が懸念された基礎学力は，過去10年ほどの間に回復しつつあるのも事実である。

　一方，わが国の中等教育は，統合つまり平等を基本に据えて教育を進めるべきか，分化つまり能力に関する自由で公平な競争を基本とすべきかという構造的な問題や課題に直面している。英米を初めとする世界各国を席巻した新自由主義的教育改革は，その後者の立場を前面に打ち出した改革運動である。日本もその例外ではない。臨教審答申に始まる，教育の自由化，多様化，効率化，そして市場化を目指した「ゆとり教育」あるいは「学校スリム化」の推進は，学校週五日制，学校選択制の導入，小中一貫校や六年制中等学校の設置，学力重点校，スーパーサイエンススクールの指定，あるいはコミュニティスクールの設置，といった制度上の変容をもたらした。いくつかの都府県で長年実施されていた高等学校の小・中学区制も，そのほとんどが自由選択へと姿を変えてしまった。つまり，制度的には統合から分化への方向性が見え始めていると考えられるのである。そのような大きなうねりのなかで，これまで学校が果たしてきた統合的機能はどこでどの機関がどのように保証すべきなのかという，非常に大きくて困難な課題は残されたままである。

　学校教育に関しては，「学級崩壊」と「いじめ」といった学校そのも

のの正当性を問われるような問題状況も，もちろん看過できない。先に見たように，それらの問題は教育問題であるよりは学校問題であり，そうした事件の背景には，学校運営のありようや教員の姿勢等の問題があると考えられるが，さらに現在では，文部科学省を中心とする行政から示される教育理念の「揺れ」による教育現場の混乱がそれに拍車を掛けるという状況が出来している。

　そのような問題状況の要因となる諸条件のうち，その改善の効果が最も期待できるものは，教師の教育姿勢であろう。学校が，かつてのように子どもたちの社会化における絶対的な地位を保てなくなった以上，教員も子どもたちに対する社会化エージェントの一つとして，その限定的な機能の範囲を自覚しなければならないところにきていると言ってよい。つまり，小学校の低学年段階は別として，かつての学級王国のように子どもたちを抱え込み，他のエージェントの支援を頑なに拒むという姿勢をとらないような，あるいはとることが当の教師にとって不利に働くような仕組みづくりが目指されなければならないのである。他方，教師がその能力を十分に発揮できるような雇用環境，勤務環境を整備していくことも必須である。そのためには，教師の職務や能力開発，雇用に関する客観的で実証的な調査研究が求められるが，それもまた教育社会学に課せられた重要な課題の一つである。

　実は，さらに大きなマクロの分野でも，まったく同様な問題性を見出すことができる。それは，第二次大戦後非常に長い間変わらずに続いてきた中央集権的教育行政である。学級において教師が子どもたちを抱え込むのと同じように，国の教育行政も日本全体の教育システムを形態的にも，制度的にも，また内容的にも，他に類を見ないほど統合的に抱え込んできた。人，物，資本，そして情報の流動化が著しく進展しつつある今日，ひとり教育だけが多様性に背を向けることは決して得策ではな

い。中央と地方の関係の再構築,教育内容の柔軟化,あるいは6・3・3制自体の見直しといった本質的な議論も避けるべきではないだろう[9]。政党主導の内閣府教育行政とテクノクラート(専門職官僚)主導の文科省教育行政との対立,あるいはせめぎ合いも,実は看過できない非常に重要な問題である。「教育基本法改正」といういわば表面的な争点によって目をそらされてきたそうした本質的な問題こそ,教育社会学が最も得意とする研究分野の一つであったはずである。これまでのマクロな分析の蓄積を最大限に利用することで,教育社会学はそうした政策的な検討に対しても,マスコミ受けのするアドバルーンではない大きな成果と貢献を期待されているのである。

## (4) 学校の選別機能と学歴をめぐる課題

　近代社会におけるフォーマルな学校教育は,子どもたちを社会化するだけでなく,彼らの能力による選別と職業的階層社会への配分を主要な機能の一つにしている。教育社会学はその成立の初期の段階から,学校の持つ選別と人材配分機能の実態把握を主要な問題関心の一つと設定し,さらに,選別の社会的意味,およびその結果が社会的に正当なものとして受け入れられている根拠についても考察を重ねてきた。さらに,近代社会が家柄や身分等の属性原理を廃し,学歴を指標とした業績原理を採用することで,学校を産業社会における人材の養成と配分の最も重要なデバイスに位置付けたことも明らかにしてきた。たしかに,大量生産・大量消費の産業社会,つまりフォーディズムのもとにあっては,そうした「学校教育は職能を形成する上で重要かつ適切な役割を果たす」という言説がおおむね妥当していたと言ってよいだろう。しかし,日本社会がポストフォーディズム,ポストモダンと呼ばれるような脱産業化社会の性格を帯びてくるにしたがって,状況に大きな変化が生じ始め

---

9) 小泉内閣時代の特区構想のなかで,4・5・3制の実施を決めた自治体も現れた。東京都品川区などは,小中一貫校の中で,独自に4年・3年・2年の新しい区分を試み,一定の成果をあげている。

た。学校教育の内容と職能とのミスマッチが顕在化してきたのである。もっとも，そのことは経済が好調な間はほとんど問題にならなかった。経済成長がそのギャップを吸収してしまっていたからである。しかし，1990年代に入って景気の長い退潮期を迎え，雇用市場が著しく冷え込むと，若年雇用を中心に状況は一気に暗転してしまった。いわゆるニートやフリーターに関わる問題が表面化してきたのである。もちろん，ニート，フリーターに関する問題は，学校教育だけが解決の責を負っているわけではない。しかし，雇用する側の企業と並んで学校の側にも相応の対応が求められてきたことは事実である。

　ごく最近になって，新規学卒労働市場は反転して求職者有利に展開するようになった。むしろ企業の側の求人難が毎年のように指摘されている。そのような状況にあっても，しかし，学校教育と企業の求めるスキルとのミスマッチへの批判は少なくない。

## （5）学校における問題行動

　一方，学校教育の長期にわたる過程にあっては，社会の求めるとおりの社会化が十全に達成されない状況も不可避的に生じてくる。学校教育には，ある意味で現実社会の縮図とも言えるほどさまざまな形の問題行動あるいは逸脱現象とその萌芽が見られる。生徒指導の対象となるような事案は，全国の学校現場で日常的に起こっていると言ってよい。校内での暴力行為，授業妨害，不登校，中途退学等々，枚挙に暇がない。そのなかでも，とりわけいわゆる「いじめ」や「学級崩壊」は，すでに1990年代初期からさまざまな形で取り上げられ，教育の病理として問題視されてきた。その背景には，子ども自体の変化，家族の意識変化，組織としての学校の問題，教師の問題等，さまざまな要因のあることが指摘されている。しかし，そうした問題現象を広く教育の病理として捉え

ている限り，その要因を見出すことは容易ではないだろう。そうではなくて，それらは学校に内在する要因によって起こる現代の学校特有の臨床的状況であると考えるべきである。かつて，その最大の要因は，子どもたちの意識の変化についていけない教師が，その自覚なしに従来どおりの学級の「抱え込み」を続けることだと考えられてきた。しかし，近年再び増加傾向を見せ始めた学級崩壊には，「なれ合い型」と呼びうるような，教師と児童（生徒）の過度の友人関係，なれ合い状況を背景に持つものが増えてきていることが指摘されている。これまでのような対症療法的な対応の限界性や学校システム自体のあり方も含め，根本的に考えていくことが必要とされる。また，いじめに関しても，近年は特にその暗数化（不可視化）が指摘されているところである。

### （6）高等教育およびメディアをめぐる課題

　高等教育は，産業との距離が近いというその基本的な性格から，種々の学校教育段階の中で市場主義の影響を今日最も強く受けている。学生消費者主義の浸透はその象徴的なトレンドであると言える。しかし，現下の高等教育における市場主義の傾向にも問題がないわけではない。それを一言で表現するならば，ますます進展する大衆化と，大学が本来的に守ってきた教養主義との相克をどう解決していくかということになろう。換言すれば，それは真に「大学的なもの」をどう守るべきかという問題でもある。大衆化した学生の年々変化する要請に柔軟に応えることのできない高等教育機関は，市場から好感を持たれないことは確かであるが，それへの解決策は消費者としての学生の要求を無制限に聞くことではない。そうした需要への対応には，学問と教養に対する大学としての定見が前提としてなければならないであろう。問題は，その両者が撞着をきたす場合，妥協点をどこに求めたらいいかということである。そ

うした課題に関しても，教育社会学の客観的な現状把握の有効な利用が期待される。学生に対する調査，大学の運営や財政に関する精緻なデータ分析などの蓄積が，今後の高等教育機関の方向性を探る上での重要な情報となりうるのである。

今日，学校教育において積極的に進められているメディア利用に関しても大きな問題が少なからず存在している。そのなかでも最も重大なものは，デジタル・デバイド（digital divide）[10]に関わる諸問題である。未だ活字や放送媒体のようにあまねく普及したメディアではないコンピュータ通信技術，いわゆるICTは，それを使いこなせる人々とそうでない人々の間に，情報への接近に関して決定的な差違を発生させる。その差違はそうしたデバイスに接近しやすいか否かという経済力の差でもあり，またメディア・リテラシーの差でもある。メディア・リテラシーの有無と多寡は，本人の努力だけでなく，性や年齢，所属する経済階層といった属性によっても大きく左右される。そしてそのことが新たな差別構造を生み出す要因ともなりうるのである。こうした問題に関しても，その理解と解決には教育社会学的な調査による接近が非常に有効であると言えよう。

### (7) 生涯学習の課題

生涯学習社会は教育と学習に関する一つの理想像であり，あらゆるタイプの学習機会を統合し，有機的に結合することによってはじめてその実現が可能となる。生涯学習に関するわが国の状況は近年刻々と変化しつつある。社会全体に見られる高齢社会化，少子化，余暇時間の増大，日本的集団主義の変質といったトレンドを受け，成人教育や余暇学習，教養学習といった固定的なあり方から脱却しつつある。たとえば，これまで生涯学習の領域と固定的に考えられてきた活動と学校教育の間の垣

---

10) インターネットなどの情報通信メディアにアクセスする機会あるいはアクセスの技能を学習する機会の格差を指す。多くの場合，所得，年齢，職業，教育水準，地理的要因，身体的制約などの個人特性と密接に関係している。

根がなくなってくる，あるいは社会教育の諸活動と個々人の学習活動が境界なく交流するようになる，学習者と指導者の境界が曖昧になり，ある時には学んでいた学習者が別の局面では指導者になる，といったさまざまな状況が見られるようになっているのである。さらに，そうした学習活動がことさらに特別なことではなく，ごく日常的に行われるようになってきている。つまり，生涯学習社会とは，学習の領域だけにとどまらず，基本的にあらゆる意味でのボーダレス社会であり，多様な生き方を広範に受容する社会であるとも言えるのである。

　往々にして生涯学習社会は一つの理想郷として語られる。しかし，実際には，学ぶことは素晴らしいといったナイーブな議論では片付けることのできない問題点や課題がそこには山積しているのである。たとえば，社会の高齢化と学習期間の長期化により，社会の負担する経費が量的に増大の一途をたどるという問題がある。かつては近隣での手習い程度，書籍による通信教育程度だった学習が，高度化したメディアを利用することによって高価な学習機会となったことも見逃せない。そのことは，生涯学習機会を利用できる階層とそうでない階層の分化という，生涯学習をめぐっての階層格差の発生にもつながりうる。また，大学に代表されるような伝統的教育機関と生涯学習機関との接合，あるいは分業に関しても，その境界をどこに定めるか，あるいは共通の評価基準をどう定めるかといった課題が手つかずで残っている。従来のように，大学教育にいわばオブザーバー参加しているという生涯学習者の立場が見直されていく以上，伝統的学生と生涯学習者の間に矛盾のない共通の基準を設けることは急務であろう。教育社会学は，ただ単にユートピアとしての生涯学習社会を希求するという立場からではなく，あくまでも現下の超高齢化社会と低成長経済という背景のもとでのより有効で合理的な統合的システムの構築を目指す立場から，ここでも精緻な現実把握と実

証データ（エビデンス）に基づく政策提言を求められているのである。

### 参考文献

市川昭午『教育の私事化と公教育の解体』（教育開発研究所，2006年）
潮木守一『転換期を読み解く』（東信堂，2009年）
グラムシ『ノート22　アメリカニズムとフォーディズム』（同時代社，2006年）
千石保『「まじめ」の崩壊』（サイマル出版，1991年）
日本教育学会『教育学研究―教育改革を問い直す』第76巻第4号（日本教育学会，2009年）
ハルゼー，ブラウン他編，住田正樹・秋永雄一・吉本圭一編訳『教育社会学―第三のソリューション―』（九州大学出版会，2005年）

### 研究課題

① 今日の家族が直面する教育（社会化）課題はどのようなものか，新聞やテレビの報道などをもとに，自分なりに類型化してまとめてみよう。
② 今日の学校が直面する教育課題はどのようなものか，新聞やテレビの報道などをもとに，自分なりに類型化してまとめてみよう。
③ 今後，日本の教育はどのようにあるべきか，自分なりの考えをまとめてみよう。

# 索引

● 配列は五十音順、＊は人名を示す。欧文は末尾にまとめた。

### ●あ 行

アートの領域　106
愛国心　245
愛着　31, 32
アカウンタビリティ　233
アクティブ・ラーニング　162
遊び　57, 60, 61, 62
アダルト・チルドレン　52
アトム化　167, 204, 205, 206, 240, 246
暗号化（encode）　196
暗号表　197
アンドラゴジー（andragogy）　218
生きる力　168, 251
伊沢修二＊　10
意識的模倣　31
いじめ　111, 207, 254
威信　178
逸脱　106, 117, 118, 119
逸脱要因論　117
一般化された他者（generalized others）
　56, 60, 64, 65, 76
一般教養教育　149
一夫一婦家族　41
イド（id）　30
イニシエーション　72
移民対策　217
意欲の階層差　191
インターネット　194, 199, 200
ウェーバー（Max Weber）＊　144, 230
ウォーナー（William L. Warner）＊　44
エス（es）　30
エビデンス　234
エリート養成　142
エントレインメント（entrainment）　30

大村英昭＊　106
オックスフォード大学　140
鬼ごっこ　64
親の期待　51, 52

### ●か 行

カーメル・レポート　231
階級　177, 178
階層　177, 178
階層移動　184
階層的不平等　232
解読（decode）　196
開放性　184, 185
開放制教員養成　130
開放性係数　184
カイヨワ（Roger Caillois）＊　61, 62, 64
課業　130
核家族（nuclear family）　42, 43, 44, 48, 51
学業成績　188
格差の拡大　185
学習指導　101
学習指導要領　159, 160, 161, 162, 163
学習要求　225
学制　78
学生消費者主義　255
学寮（college）　140
学力・運動能力　52
学歴　144, 151, 178, 188, 189, 190
学歴格差　189
学歴社会　181, 190
学歴主義　51, 191
隠れたカリキュラム（hidden carriculum）
　84, 241
家族　40, 41, 49

家族形態　43
価値付与・地位付与機能　206
学会誌　236
学級規模　134
学級経営研究会　113
学級崩壊　113, 114, 115, 254
学校化社会　242
学校教育法　78
学校週五日制　168, 169
学校スリム化　168, 251
学校の出現　79
学校文化（school culture）　84
葛藤　34, 35
活版印刷術　199
課程認定　128, 129
カルチャービジネス　225
官吏養成　143
機会不平等論　232
危機に立つ国家　231
企業内教育　246
規範　52, 59, 108, 117
義務教育　72
客我（me）　33, 34, 35, 63
キャリア指向　150
給食指導　84, 132
教育改革　165, 167, 168, 214
教育改革国民会議　169
教育科学　16
教育学　10, 11
教育基本法改正　158, 162
教育行政　158, 159
教育行財政　169
教育実習　129
教育社会学　12, 15, 16, 17, 19, 20, 230, 257
教育職員　122

『教育の構造改革』　114, 134
教育の私事化（privatization）　233
教育費　170
教育病理　106
教育問題　166
教育臨床　106, 107
教員　122, 123, 128
教員採用試験　128
『教員の地位に関する勧告』　124
教員免許更新制度　133
教員免許状　128, 130
教員養成　129
教科に関する科目　128, 129
狭義のメディア　194, 199, 204
教師　122, 123, 126, 128, 130
教職　124
教職課程　128, 129
教職に関する科目　128, 129
強制移動率　184
業績原理　179, 191, 253
共通一次試験　146
共鳴動作　30
教諭　122
近親相姦の禁忌（incest taboo）　41
近代家族　51
近代市民社会　80, 81, 156, 174, 175
近代大学　141
グーテンベルク（Johannes Gutenberg）＊　199
クーリー（Charles H. Cooley）＊　41
楔形文字　198
グラムシ（Antonio Gramuci）＊　243
訓導　122
経験の拡大・疑似環境の環境化機能　206
経済格差　189, 191
経済成長　242

経済ナショナリズム　232, 240, 241, 242, 243, 244
経済力　178
継続教育（further education）　139
契約結婚　51
ゲーム　203
ゲーム段階　64
ゲーム脳　203
血縁関係　40
厳格主義　51
研究　141, 143, 144
研究大学　150
言語コード論　232
顕在的社会化　84
言説分析　233
検定教科書　159, 163
ケンブリッジ大学　141
公園デビュー　57
公開授業　133
高学歴化社会　242
高学歴社会　181
後期中等教育　93
広義のメディア　194, 198
公教育　81, 86
公共サービス　124
構造機能主義　232, 233, 234
高等教育　91, 138, 144, 148, 151
高等教育機関　143, 149
高等教育進学率　144
校内暴力行為　110
公民館　221
公民権運動　232
公務員　123
校務分掌　132
高齢者教育　218
コールマン・レポート　231
国民　157, 158, 159
国民教育　81, 82
国民国家（nation state）　81, 156, 157, 158, 159, 160
個性重視　166
国旗国歌法　162, 163
ごっこ遊び　62
子ども集団　57, 58, 59, 60, 62, 64, 65, 67, 69, 249, 250
コミュニケーション　195, 196, 197, 204
コミュニティセンター　215
コモン・デイ・スクール　90
孤立した核家族　43
婚姻関係　40
コンピュータ　201

●さ　行

サイエンスの領域　106
サッカー　64
沢山美果子*　51
産業革命　174, 175
ジェームズ（William James）*　33
シェマ（schema）　35, 36, 47
ジェルピ（Ettore Gelpi）*　224
ジェロゴジー（gerogogy）　218
自我　32, 33, 34
自我形成　42, 63
時間割　130
子宮外胎児期　28, 32
自己愛　46, 47
自己実現欲求　216
事後チェック　147
自己統制（self-direction）能力　217
自殺　116
事実移動率　184
市場経済　156, 240

市場の失敗　181
視聴覚授業　200
実証主義　18
実証的な認識　20
質的調査　230
質的分析　21
指導力不足教員　114, 135
ジニ係数　185, 186, 187
市民革命　174, 175
市民層の形成　141
社会移動　182, 183
社会化（socialization）　18, 32, 33, 34, 42, 45, 56, 59, 60, 72, 73, 74, 75, 83, 84, 85, 86, 87, 106, 144, 148, 157, 174
社会階層　191
社会科学　13, 14
社会学　12, 13, 14, 15, 16
社会化不全　106
社会教育　214, 222, 223, 224, 257
社会教育終焉論　214, 223
『社会教育の終焉』　222
社会貢献　143, 144
社会事象　12, 15, 16, 18
社会実在論　65
社会的緊張理論　117
社会的資源の動員力　178
社会的地位　178
社会的役割　65
社会保障政策　243
社会名目論　65
就学前教育　66
修士（マスター）　142
就巣性ほ乳類　26, 27
重要な他者（significant others）　32, 59, 72, 73, 76
主我（I）　33, 34, 35, 47, 63

受験競争　146
首長部局　215, 221
主要国首脳会議（サミット）　244
純粋移動率　184
生涯学習（lifelong learning）　210, 212, 215, 220, 224, 225
生涯学習社会　256, 257
生涯学習振興法　215, 221
生涯学習振興法体制　224
生涯学習体系　166, 213
生涯教育（lifelong education）　212
生涯統合教育（lifelong integrated education）　212
奨学金制度　189, 190
小学校　75
状況定義付け機能　206
情報伝達機能　206
情報の二段階の流れ　249
職業　177
職業階層　179, 189, 190
初等教育　81, 90
所得再分配　186, 187
所得倍増計画　240
ジョンズ・ホプキンズ大学　142
新学力観　161
審議会　159
新規学卒者　188
新規学卒労働市場　187, 254
新自由主義　166, 167, 170, 214, 233, 245
新自由主義的教育改革　213
新自由主義的な政策　185
心身能力　178
新生児　29
新卒者　181
新聞　194, 198, 199
新保守主義　166, 167, 169, 245

進路指導　101
推薦　146
垂直移動　182
水平移動　182
数量化　21
スクールカウンセラー　102
スクールソーシャルワーカー　102
スザロ（Henry Suzzallo）*　17
ストリーミング（streaming）　98
政策科学　231
政策提言　258
生殖　44
生殖家族（family of procreation）　44, 45, 48, 50
成人学習　219
成人学習者　217, 218, 219
成人教育（adult education）　215, 216, 217
清掃指導　132
正当化（legitimation）　83, 86
生徒指導　101, 108, 132, 254
『生徒指導上の諸問題の現状について』　109
制度的家族　49, 51
生徒文化（student culture）　84, 85
性の統制　44
性役割　48
生理的早産　28
セーフティネット　214
世代間移動　182, 183
世代間垂直移動　182
世代内移動　182, 183
絶対的受容　46
絶対的信頼　46
設置基準の大綱化　147
セッティング（setting）　98
ゼミナール　141

前期中等教育　97
前近代社会　174
潜在的社会化　84
選別（allocation）　83, 85, 86, 94, 144
専門職　123, 124, 125
専門職業教育　149
総合制高校　98
総合大学　140
総合的学習　168
相互関係　13, 14
相互作用　13
掃除当番　84
相対的貧困率　187
属性（ascription）原理　179, 253
卒業生就職状況　147
素朴理論（naive theory）　35, 36, 47, 77

●た　行
第1次社会化　59
第1次集団（primary group）　42, 56, 74, 77
第1次集団的　74, 75
大学（university）　138
大学院　142
大学進学率　191
大学設置基準　147
大学設置審議会　147
大学等入試の多様化　146
大学入試センター試験　146
大学の三機能　144
大学の大衆化　150, 151
第三次教育（tertiary education）　139
大衆教育社会　181
第2次社会化　60
第2次集団（secondary group）　42, 75, 78, 79

第2次集団的　75
タイムキーパー機能　206
大量生産・大量消費　205
タウンとガウンの対立　141
達成主義　51
他人指向性　205
タブラ・ラサ（tabula rasa）　29
タブレット型PC　202
段階型　97
単純再生産　242
単線型　94, 97
担任教師　114
地位獲得のコスト　178
地域社会への貢献　141
小さな政府　167, 245
地位の非一貫性　185
中一ギャップ　100, 102
中央教育審議会　165
中世大学　139, 150
忠誠の誓い（Pledge of Allegiance）　163
チューター　140
中等教育　90
中等教育機関　91, 92, 93, 94
中等後教育（post-secondary education）　139
中途退学　113
直立歩行　27
定位家族（family of orientation）　44, 45, 48, 50
帝国大学　143
デカルト（René Descartes）*　29
適応不全　106
適材適所　180
デジタル・デバイド（digital divide）　256
デュルケム（Émile Durkheim）*　17, 122, 230

寺子屋　90
テレビ　199
伝統家族　51
電話　199
同一化　31, 32, 47
道具的役割　48
統合　94, 96, 99
登校拒否　112
童心　52
童心主義　51
同棲　51
同性結婚　51
統制弛緩論　118
ポストフォーディズム　244
トラッキング（tracking）　98

●な 行
内的葛藤　33
内的コミュニケーション　33, 34, 35
内部指向性　205
中曽根内閣　166, 167, 245
仲間集団　56, 57, 74, 100
なれ合い型　115, 255
なれ合い型学級崩壊　116
二次的就巣性　27
日常的な認識　20
入学者学力　147
ニューカマー　217, 224
入試模試偏差値　148
ニュー・ファミリー　51
人間力　251
認定こども園　69
脳容量　27
能力別編成　99
ノールズ（Malcolm S. Knowles）*　217, 219

●は　行

パーソナルメディア　199
パーソンズ（Talcott Parsons）*　47, 232
ハーバード・カレッジ　141
パーフェクト・チルドレン　53
パーフェクト・ペアレンツ　53
パーフェクト・マザー　53
バーンスティン（Basil Bernstein）*　232
橋渡し　76, 78, 87
バス通学（busing）　232
パラダイム転換　232
パリ大学　139, 140
ハロー効果　148
藩校　91
反抗型　115
バンディング（banding）　98
ピアジェ（Jean Piaget）*　35
ヒト　26, 27, 28, 29, 30, 40, 247
表出の役割　48
平等性　186
広田照幸*　51
フィールド　21
フィールドワーク　21
フーコー（Michel Foucault）*　233
ブードン（Raymond Boudon）*　232
夫婦家族　42
フォーディズム（Fordism）　243, 244, 253
部活動　132
複線型　96, 97
普通教育　82
不適応　100
不適格教員　114
不登校　101, 112, 113
プラグマティズム　230
ブルデュー（Pierre Bourdieu）*　232

プレイ段階　63, 64
プレ高等教育　91, 92
フロイト（Sigmund Freud）*　30
ブログ　207
フロントエンド　211
分化　94, 96, 97, 99
文化学習論　117
文化資本論　232
文化的再生産　232
文化の伝播と大衆化機能　206
分岐型　97
ペーパー・ティーチャー問題　130
ベールズ（Robert F. Bales）*　47
ペダゴジー（pedagogy）　10, 218
ヘッドスタート（head start）　232
ベルリン大学　140, 141
変数　20, 21
保育所　67, 69
ホイジンガ（Johan Huizinga）*　61
暴力行為　109
ボーダーレスな学習　210
ボーダレス社会　257
母子一体化　46
ポスト構造主義　233
ポスト初等教育　91
ポストフォーディズム　245, 253
ポストモダニズム　244
ポストモダン　253
ホッパー（Earl Hopper）*　83
ポルトマン（Adolf Portman）*　26, 27, 32
ボローニャ大学　139, 140
ボンド（社会的紐帯）理論　118
ボンド　119

●ま　行

マードック（George P. Murdock）*　42

マクルーハン（Herbert Marshall McLuhan）*　197
マクロ　230, 233
マクロな事象　17, 18
マスコミュニケーション（mass communication）　204
マスメディア　204, 206
松下圭一*　222, 223, 224
マルクス主義　234
万人の万人との闘争　245
ミード（George H. Mead）*　33, 62, 64
ミクロ　230, 233
ミクロな事象　17
ミドルクラス　242, 246
身分　176, 178
身分制　176, 184
身分制秩序　175
身分制度　175
民間事業者　215
無線LAN　202
命題　18, 19
メッセージ　194, 195, 196, 197, 198
メディア　53, 194, 195, 196, 197, 198, 199, 200, 201, 202, 203, 204, 206, 207
メディア・リテラシー　256
「メディアはメッセージである」　198
モーガン（Lewis H. Morgan）*　41
模倣　30, 31, 32, 47, 63
森昭雄*　203
モリル法　141
問題行動　106, 112, 254
文部科学省　159, 160

●や　行
野球　64

役割演技　63, 65
役割葛藤　65
役割期待　51
役割距離化　66
役割取得　65
友愛家族　49, 51
遊戯集団　57
ゆとりカリキュラム　161
ゆとり教育　161, 168, 169, 251
養護教諭　102
幼児教育　66, 67, 68, 69
幼稚園　67, 69
幼保一元化　69
46答申　165

●ら　行
ラジオ　199
ラベリング論　118
ラングラン（Paul Lengrand）*　212
ランドグラント大学（州立大学）　141
離婚　50
離巣性ほ乳類　26, 27, 32
リベラルアーツ　139
量的調査　230
量的分析　20
臨教審　165, 213, 214
臨教審答申　168, 170
臨時教育審議会　165, 214
臨調　167
ルール　52, 59, 64, 65, 108
ルール違反　108
冷戦終結　244
労働市場　179, 180, 181
ロック（John Locke）*　29

●わ　行

輪切り選別　99

●欧　文

AO入試　146
CAI（Computer-Assisted Instruction）
　200, 201
CEART　123, 124, 125, 128
cooling-out　95, 96
DINKS　51
GPS（Global Positioning System）　199,
　201
ICT　256
ILO　123
LINE　207
MBA（経営学修士）　142
need　225
OECD/PISA（生徒の学習到達度調査）
　233
PTA　132
SSM調査　183, 184
TIMSS 2003　203
VHS　200
want　225
warming-up　95, 96
webサイト　207

# 著者紹介

## 岩永　雅也（いわなが・まさや）

| | |
|---|---|
| 1953年 | 佐賀県に生まれる |
| 1982年 | 東京大学大学院教育学研究科博士課程修了 |
| 1982～1985年 | 大阪大学人間科学部助手 |
| 1985～1989年 | 放送教育開発センター助手・助教授 |
| 1989～2000年 | 放送大学教養学部助教授 |
| 2000年～現在 | 放送大学教養学部教授・博士（学術） |
| 2021年～現在 | 放送大学長 |
| 専攻 | 教育社会学・生涯学習論・社会調査 |
| 主な著書 | 『発達科学の先人たち』（共編著　放送大学教育振興会） |
| | 『現代の生涯学習』（放送大学教育振興会） |
| | 『教育と社会』（放送大学教育振興会） |
| | 『才能と教育』（共編著　放送大学教育振興会） |
| | 『格差社会と新自由主義』（共編著　放送大学教育振興会） |
| | 『大人のための「学問のススメ」』（共著　講談社） |
| | 『創造的才能教育』（共編著　玉川大学出版会） |
| | 『社会調査法』（共著　NHK出版社） |

放送大学教材　1720074-1-1911（テレビ）

# 教育社会学概論

発　行　　2019年3月20日　第1刷
　　　　　2023年8月20日　第4刷
著　者　　岩永雅也
発行所　　一般財団法人　放送大学教育振興会
　　　　　〒105-0001　東京都港区虎ノ門1-14-1　郵政福祉琴平ビル
　　　　　電話　03（3502）2750

市販用は放送大学教材と同じ内容です。定価はカバーに表示してあります。
落丁本・乱丁本はお取り替えいたします。

Printed in Japan　ISBN978-4-595-31921-1　C1337